Zu diesem Buch

Ärger kann einem das Leben schwermachen. Wer schlechte Laune hat, verliert zuallererst selbst den Spaß am eigenen Tun. Ärger und Streß trüben aber nicht nur die Freude am Leben, sie gefährden auch die Gesundheit und können Auslöser für ernsthafte Erkrankungen sein. Gefragt sind Wege und Tips, um sich das Leben leichter, ruhiger und entspannter zu gestalten.
Hedwig Kellner zeigt, wie man gelassener mit dem alltäglich auftauchenden Ärger umgeht. Im Mittelpunkt ihres ebenso unterhaltsamen wie nützlichen Buches stehen konkrete Vorschläge, mit deren Hilfe jeder selbst seine individuelle Anti-Ärger-Strategie entwickeln kann.

Die Autorin

Hedwig Kellner ist Autorin, Unternehmensberaterin und Managementtrainerin; sie lebt bei Hamburg.

Hedwig Kellner

Nimm's doch leichter!

Die Anti-Ärger-Strategie

Rowohlt

Veröffentlicht im Rowohlt Taschenbuch Verlag GmbH,
Reinbek bei Hamburg, November 1997
Die Originalausgabe erschien 1994 im Kösel-Verlag, München
Copyright © 1994 by Kösel-Verlag GmbH & Co., München
Umschlaggestaltung Susanne Heeder
(Fotos: Fred Dott, Hamburg)
Gesamtherstellung Clausen & Bosse, Leck
Printed in Germany
1490-ISBN 3 499 60158 3

Inhalt

Einführung   10

1   *Ärger lauert überall*

Aus dem Nichts   13
Alles Idioten   14
Das machen die mit Absicht   15
Werkstatt oder Büro: Die Kollegen sind ein Zoo   17
Finstere Mächte   19
Das machen andere doch auch nicht   21
Wie das Schicksal so spielt   22
Warum gerade ich?   23
Ärger ist ein Wanderpokal   25
Darf die das?   27
Kann ich es noch ertragen?   29

2   *Platzen vor Wut oder tägliche Tretmühle*

Wie ein Blitz   31
Ein Hamster im Rad   36
Neid, Gier und Eifersucht   42
Ärger ist mein Job   49

3 Welcher Ärgertyp bin ich?

Das muß ich mir nicht bieten lassen!	54
Es ist Mittagsruhe!	57
Nackte Zwerge in Nachbars Garten	60
Der Zorn des Mannes an der roten Ampel	63
Ich kenne diese Sorte!	64
Und das ist dann der Dank!	67
Solange du die Füße unter meinen Tisch…	71
Ich bin eine Niete	74
Am besten, man macht alles selbst	77
Welcher Ärgertyp bin ich?	81

4 Ärger ist mehr als ärgerlich

Es geht nicht spurlos vorüber	86
Die Dummen sind besser dran	90
Nichts hören, nichts sehen, nichts sprechen	92
Bis hier her und nicht weiter!	94

5 So bin ich nun mal – Muß ich so bleiben?

So ist es zur Zeit	97
Wer ein Ziel hat, macht sich auf den Weg	101

6 Die Anti-Ärger-Strategie

Die Ärger-Sammlung	108
Aus der Ferne betrachtet	110
Ordnung und Überblick	114
Die »6+1«-Strategie: Sechs Schritte aus dem Ärger und einer zur Lebensweisheit	122

Erst denken, dann handeln	137
Jetzt mache ich es wahr	145
Mit manchen Ärgernissen muß man leben	147

7 Wie andere es geschafft haben

Steter Ärger mit der Schule	153
Ein neuer Job muß her	158
Ich will nicht mehr allein sein	161
Was erlauben die sich!	165

8 Goldene Regeln

Weil ich gut über andere denke, kann ich gut zu ihnen sein	168
Tratsch: Ohren auf – Mund zu	169
Geteilter Ärger ist doppelter Ärger	171
Auf vorauseilenden Ärger verzichten	173
Tretminen meiden	175
Kein Ärgernis geben	176
Den eigenen Niederlagen keine Denkmäler bauen	178
Sich nicht an den Niederlagen anderer weiden	180
Ich bin Egozentriker und lebe mein eigenes Leben	182

9 Ärgerliche Erfolgsbremsen

Von »Bremsklötzen« und »gebundenen Händen«	184
Ich will mir keinen Ärger machen	185
Ärger? Ich doch nicht!	188
Das habe ich schon probiert. Da hat es auch nichts genutzt	190
Da weiß man, was man hat	191

Einführung

Sie wollen etwas gegen Ihren Ärger unternehmen? Dieses Buch wird Ihnen eine Strategie vermitteln, wie Sie sich schrittweise Ihren Ärger vom Hals schaffen können.
Sich zu ärgern ist jedoch grundsätzlich nicht falsch. Manchmal ist es richtiger, den Frust »rauszulassen« und nicht »Haltung zu wahren«. Es gibt auch Situationen, in denen es sogar unsere Pflicht ist, ärgerlich zu werden. Ärger kann uns aktivieren und dazu bringen, da engagiert etwas zu unternehmen, wo Engagement, Zivilcourage, Kreativität und Tatkraft notwendig sind.
Oft ist Ärger jedoch nur belastend. Schlecht gelaunt grübeln wir über Menschen oder Zustände nach und ändern doch nichts an den Ursachen unseres Mißbehagens. Es gibt den Ärger, der uns nachts wach hält, der uns in sinnlose Streitereien verwickelt oder sogar krank macht. Dagegen sollte man etwas unternehmen. Weil wir Menschen uns aber über die unterschiedlichsten Dinge ärgern, ist es zunächst notwendig, daß Sie vor Ihrer persönlichen Anti-Ärger-Strategie herausfinden, welcher »Ärger-Typ« Sie eigentlich sind. Die Frage ist, *was* Sie speziell ärgert, *wo* Sie den meisten Ärger – zum Beispiel zu Hause oder im Beruf – haben und *wie* Sie sich ärgern.

Lassen Sie sich vom ersten Kapitel einstimmen. Hier lesen Sie von Menschen, die sich schrecklich geärgert haben. Bei manchen der Beispiele werden Sie vielleicht sagen: »Das kenne ich! So geht es mir auch oft.« Bei anderen: »Das ist Unsinn! Über so etwas ärgert man sich doch nicht.«

Aber nicht nur die Menschen unterscheiden sich, auch die Ärgeranlässe können sehr unterschiedlich sein. Es gibt den Ärger, der uns aus heiterem Himmel überfällt und uns aus der besten Stimmung plötzlich herausreißt. Es gibt aber auch den Ärger, der über lange Zeit an uns nagt, der uns ständig begleitet und an den Nerven zerrt. Darüber lesen Sie in Kapitel 2.

In Kapitel 3 legen Sie die erste Grundlage für Ihre persönliche Anti-Ärger-Strategie. An einer Reihe von Beispielen werden die »Ärger-Typen« beschrieben. Neben konkreten Tips zur schnellen Minderung des Ärgers erhalten Sie hier Anregungen, über sich selbst nachzudenken. Am Ende des dritten Kapitels wissen Sie, welcher »Ärger-Typ« Sie sind.

Im Kapitel 4 geht es um die Schäden, die der Ärger bei uns anrichtet. Ärger kann auf den Magen schlagen, kann die Stimmung in der Familie vermiesen oder unser Gesicht so verdüstern, daß uns das eigene Spiegelbild nicht mehr gefällt. Sie finden für sich heraus, was Ihnen an Lebensfreude entgeht durch das viele Ärgern.

In Kapitel 5 werden Sie konkret angeleitet, Ihre Ziele für Ihre Anti-Ärger-Strategie festzulegen. Sie entscheiden, welchem Ihrer Ärgernisse Sie zuerst zu Leibe rücken und welche Schäden Sie ab sofort nicht mehr hinnehmen werden.

Die Anti-Ärger-Strategie lernen Sie im 6. Kapitel kennen. Sie erfahren, wie Sie schrittweise vorgehen können, um planvoll Ihre Ziele zu erreichen.

In Kapitel 7 lesen Sie, wie andere Menschen mit der Anti-Ärger-Strategie erfolgreich waren. Diese Beispiele werden Ihnen für Ihr eigenes Vorhaben Ideen geben.

In Kapitel 8 erhalten Sie Tips, wie Sie ab sofort manchen Ärger gar nicht mehr erleben müssen, weil sie ihm rechtzeitig ausgewichen sind.

Leider macht es uns Menschen oft viel mehr Spaß, Pläne zu schmieden und gute Vorsätze zu fassen, als diese dann auch in die Tat umzusetzen. In Kapitel 9 lesen Sie, wie Sie sich »einen Schubs geben« können, damit Sie nun auch sofort Ihr Leben »ent-ärgern«. Lassen Sie sich jetzt von Kapitel 1 einstimmen. Viel Spaß!

1
Ärger lauert überall

Aus dem Nichts

Man kann morgens aufstehen, gute Laune haben und glauben, der Tag werde nur Erfreuliches bringen. Und dann geht man abends doch mit knirschenden Zähnen zu Bett. Es kann aber auch vorkommen, daß man abends den Kopf voller friedlicher Gedanken aufs Kissen legt und glaubt, in Ruhe dem Morgen entgegenschlafen zu können. Aber nein. Noch bevor es hell ist, hat irgend etwas oder irgendwer es geschafft, uns wieder aufzuwecken und in Zorn zu bringen.
Woher kommt der Ärger? Manchmal kommt er wirklich aus dem Nichts. Aber das macht ihn nicht weniger ärgerlich.
Ich denke an meine Biologielehrerin, Frau Dr. Tuchner. Sie kam eines Tages Fäuste schüttelnd in die Klasse, warf die Aktentasche hinter das Pult, baute sich in ihrer ganzen furchterregenden Größe vor uns Kindern auf und erzählte, was sie in der Nacht erlebt hatte.
Sie habe in tiefem Schlaf gelegen, als ein Gröhlen vor dem Haus sie aufweckte. Sie trat ans Fenster, schaute von ihrer Wohnung im dritten Stock auf die Straße hinunter und sah einen Mann, der mit ausgebreiteten Armen um eine Straßenlaterne herumtanzte. Dazu sang er aus Leibeskräften: »Rose-

marie, Rosemarie, sieben der Jahre mein Herz nach dir schrie. Rosemarie, Rosemarie, sieben der Jahre...« Frau Dr. Tuchner beschwerte sich bei uns, daß er immer und immer wieder die eine Zeile aus dem Lied gesungen hatte.
»Er war betrunken!«
Wir zuckten in unseren Bänken zusammen. Wir konnten uns gut ausmalen, wie unsere Lehrerin schließlich das Fenster aufgerissen und um Ruhe gebrüllt hatte. Der Mann habe seinen Gesang unterbrochen, mit unsicheren Blicken die Hausfront abgesucht und dann die Dame am Fenster entdeckt.
»Und wißt ihr, was der zu mir gesagt hat?« Drohend stand sie vor uns. Selbst, wenn wir es gewußt hätten, wir hätten nicht gewagt, es zu sagen. Frau Dr. Tuchner sprach es selber aus:
»Altes Suppenhuhn!«, habe der Mann zu ihr hinaufgerufen. Sie bebte noch immer bei dem Gedanken an diese Frechheit. Trotzdem hörte sie das Gekicher einer Schülerin.
»Wer war das?«
Keine meldete sich. Die ganze Klasse bekam eine saftige Strafarbeit. Da hatten wir dann auch unseren Ärger.

Alles Idioten

Man sagt, es sei ein spezielles Männerproblem. Ich beobachte es jedoch oft genug auch bei Frauen. Es ist die Überzeugung: »Alle Autofahrer sind Idioten! Bloß ich nicht.« Man sollte meinen, daß Menschen mit dieser Ansicht besonders stolz, glücklich und zufrieden sind. Dem ist aber nicht so. Sie sind nicht selten zerfressen vom Ärger über die Idioten in den anderen Autos.
Im November waren die Straßen eines Morgens weiß. Mit Schnee hatte noch keiner gerechnet. Mein Kollege, Herr Bogert, kam mehr als eine Stunde zu spät. Er wußte auch zu

berichten, wer die Schuld daran trug. »Wenn nur ein Zentimeter Schnee fällt, sind die Hamburger zu blöd zum Autofahren!« Diesen Spruch kannte ich bereits von ihm und von so vielen anderen. Er läßt sich – entsprechend variiert – auch bei Regen, Wind und Dunkelheit anbringen.
Dabei ist Herr Bogert selbst Hamburger. Ich hatte jedoch nicht den Eindruck, daß er sich in diesem Zusammenhang zur einheimischen Bevölkerung zählte. Er ist ein Mensch, für den jede Fahrt mit dem Auto ein Kampf gegen motorisierte, radelnde und absichtlich über Zebrastreifen trödelnde Trottel, Bösartige oder Tückische ist. Wie oft schilderte er mir das irrationale Verhalten von Opas, die an jeder Ampel einschliefen und womöglich die Farben gar nicht unterscheiden konnten...
Versuchen Sie das: Wenn Sie sich einmal in einer Gesprächsrunde befinden, zu der auch Hamburger gehören, dann erwähnen Sie ganz nebenbei den Elbtunnel. Es funktioniert immer. Auf der Stelle geht sie los, die lebhafte Erinnerung an den schrecklichen Ärger, als man selbst – als begnadeter und souveräner Autofahrer – zügig und stauvermeidend durchziehen wollte und statt dessen hinter einem Angsthasen herzockeln mußte, der auch noch bremste, bevor er in den Tunnel einfuhr! In all den Jahren, in denen ich in Hamburg wohne, treffe ich nur Menschen, die in der Lage sind, korrekt durch den Elbtunnel zu fahren und die sich deshalb ständig über die anderen ärgern müssen, die das nicht können. Alles Idioten!

Das machen die mit Absicht

Als ich vor Jahren in meine neue Wohnung zog, besuchte mich gleich am ersten Tag der Nachbar von links, um mich vor den Bosheiten des Nachbarn von rechts zu warnen.
»Das macht der mit Absicht«, raunte er mir zu.

Was machte der von rechts mit Absicht? Er hetzte zum Beispiel seine Katze durch offene Fenster auf unbeaufsichtigte Fleischvorräte in fremden Küchen. Der von links hatte erst kürzlich frischen Aufschnitt gekauft. Mitten im Auspacken und Verstauen der Sachen rief ihn das Telefon ins Wohnzimmer. Als er zurückkam, hockte die Katze des Nachbarn auf dem Tisch und fraß die Wurst.

Ganze Bücher sind geschrieben worden mit Protokollen und unglaublichen Anekdoten über Streit in der Nachbarschaft.

Da gibt es die Mülltonnen, die aus purer Ärgerlust von Leuten vollgestopft werden, die überhaupt kein Recht haben, dort Müll abzuladen.

Da gibt es die Heimwerker, die scheinbar absichtlich auf die Mittagsstunde warten, um dann zu hämmern und zu bohren.

Da gibt es die Kinder, denen keiner beibringt, daß man nachts nicht laut weint.

Da gibt es die Schrebergärtner, die vorsätzlich ihr Unkraut schießen lassen, damit der Samen anderen auch in die Beete weht.

Da gibt es die Rentner, die aus dem eigenen Küchenfenster heraus Tauben füttern, damit anderen Leuten die Balkone verkleckert werden.

Da gibt es Menschen, die fahren nachts mit heulendem Motor vor und knallen mit speziellem Schwung die Garagen- oder Autotür zu.

Im Kaufhaus werden einem an der Kasse fremde Einkaufswägen in die Hacken gerammt.

Im Restaurant bedient der Kellner die viel später gekommenen Gäste zuerst.

Im Büro packt einer immer dann ein Fischbrötchen aus, wenn andere sich Kuchen geholt haben.

Fragen Sie Ihre Mitmenschen. Jeder kann Ihnen erzählen von Nachbarn, Kollegen und Verwandten, die es mit Absicht darauf anlegen, einen zu ärgern. Und es gelingt ihnen!

Werkstatt oder Büro: Die Kollegen sind ein Zoo

Hier soll nicht von Abteilungs-Platzhirschen, eitlen Karrierepfauen oder diebischen Spind-Elstern die Rede sein. Wir kennen diese Menschen und ärgern uns über sie. Wir selbst sind natürlich nicht so. Oder?
Es ist schon ein paar Jahre her. Ich ging im Büro zur Toilette. Dort stand Frau Koner, eine unserer Sekretärinnen, weinend vor dem Spiegel.
»Was ist denn? Geht es Ihnen nicht gut?«
Sie schluchzte und konnte zunächst gar nicht antworten. Schließlich bekam ich aus ihr heraus, daß Frau Winter, die Kollegin, ihr geraten hatte, das neue Kleid lieber nicht noch einmal im Büro zu tragen. Es betone die breiten Hüften zu sehr und lasse im Licht des PCs den Teint so merkwürdig grünlich schimmern. Das Gesicht wirke dadurch fast schimmelig.
Möchten Sie ein neues Kleidungsstück in dieser Form kommentiert bekommen? Frau Koner hatte keine breiten Hüften, und auch das Gesicht wirkte noch frisch und unverschimmelt. Trotzdem. Der Tag war ihr verdorben.
Unter Männern geht es nicht anders zu. Der eine gibt dem anderen boshafte Tips, wie er seine glänzende Glatze fast unsichtbar überkämmen kann. Der andere wartet, bis Augenzeugen (möglichst hübsch und weiblich) anwesend sind, um dem einen die Schuppen vom dunklen Geschäftsanzug zu klopfen...
Im vergangenen Jahr, nach der Weihnachtsfeier unserer Firma, war Herr Wagner so nett, den leicht angetrunkenen Kollegen Maier und dessen Frau heimzufahren. Herr Wagner hatte einen neuen BMW der 3er-Serie und war mächtig stolz darauf. Es war ihm entsprechend ein Vergnügen, das Ehepaar Maier zu kutschieren.
Am nächsten Arbeitstag erzählte Herr Maier lachend und lauthals, wie seine Frau sich bei der Fahrt gefürchtet habe. Sie

habe sich in Panik förmlich in den Arm ihres Gatten verkrallt.
»Na ja«, sagte Herr Maier. »Sie kennt das nicht, mit diesen kleinen Autos. Die wirken – wenn man darin sitzt – ja immer schneller als sie sind. Und erst die Fahrgeräusche!« Die Gefühle von Herrn Wagner waren deutlich in seinem Gesicht abzulesen.

Während meiner Zeit als Systemprogrammiererin war neben dem Bleistift das Radiergummi mein wichtigstes Arbeitsgerät. Dabei hatte ich oft Gelegenheit, mich über meinen Kollegen, Herrn Perdu, zu ärgern. Herr Perdu hatte die Hamster-Gewohnheit, Radiergummis, die ich nur für einen Moment unbeaufsichtigt auf dem Tisch liegen ließ, einfach in die Hosentasche zu stecken. Meistens sah ich sie nicht wieder. Ich mußte dann zur Sekretärin, der Herrscherin über das Büromaterial, und mir ein neues besorgen. Die schaute mich von Mal zu Mal mißtrauischer an.

Manchmal jedoch brachte Herr Perdu das vermißte Teil zurück. Aber dann hatte er mit Sicherheit ein Loch hindurchgebohrt. Mit Bleistiften war es anders. War Herr Perdu während meiner Abwesenheit in die Nähe meines Schreibtisches gekommen, konnte ich dies daran erkennen, daß ein abgekauter Stift dort lag.

Arbeiten Sie in einer Werkstatt? Dann kennen Sie sicherlich Kollegen, die ihr eigenes Werkzeug nie finden können, es sich schnell mal von anderen »leihen« und dann entweder ganz verlieren oder irgendwo verdreckt herumliegen lassen.

Sind Sie Raucher? Dann haben Sie sicher einen Kollegen, der Apfelreste, zerknüllte Brötchentüten und abgeschnibbelte Fingernägel in Ihrem Aschenbecher deponiert. Wie finden Sie das?

Wenn Sie nicht rauchen, geht es Ihnen nicht besser. Dann teilen Sie sicherlich Ihren Arbeitsplatz mit einem Raucher, der seinen eigenen Qualm nur in Kombination mit frischer Luft vom weit geöffneten Fenster erträgt. Dagegen kommt keine Heizung an.

Und Sie können den Passiv-Raucher-Krebs mit einer astreinen Lungenentzündung kombinieren.
Auch darüber könnte man reden: Wie sich die Menschen an den Mißerfolgen ihrer Kollegen erfreuen und diese Freude auch noch strahlend zur Schau stellen. Wie Vorgesetzte die Erfolge ihrer Mitarbeiter als eigene Leistung vertreten, bei jedem Mißerfolg jedoch offen und ehrlich »Roß und Reiter« nennen. Wie Hohn, Tratsch und witzige Anekdoten die Arbeitspausen verkürzen...
Und bei all dem soll man sich nicht darüber ärgern, daß auf jeden Sonntag unweigerlich ein Montag folgt?

Finstere Mächte

Nicht immer läßt sich genau sagen, wer die Menschen sind, die einen so ärgern. Das können Institutionen sein oder »die Politiker«, »die Beamten«, »die Ärzte«, »die Versicherungen«, »die Medien« oder ganz allgemein: »die da oben«.
Ich war einmal für ein paar Monate als externe Beraterin in einem Öl-Konzern in Hamburg tätig. Die Konzernleitung residierte in den USA. Dort mußten Gelder für Projekte, für neue Computer, für alle Investitionen beantragt werden. Man hatte jeweils endlose Begründungen zu schreiben und niffligste Formulare auszufüllen, die dann in die USA geschickt wurden. Von dort hörte man üblicherweise wochenlang nichts. Dann kamen regelmäßig Nachfragen nach weiteren Spezifikationen der Begründungen und Ergänzungen der Formulare, und dann folgte wieder eine Zeit des Wartens...
In dem betreffenden Unternehmen war »die Konzernleitung« das, was in Franz Kafkas Roman das Schloß war.
Im letzten Winter wurde eines Tages vor kommendem Regen und gefährlicher Glätte gewarnt. Schon am frühen Morgen

war bekannt, wie es gegen Nachmittag und somit beim Feierabendverkehr werden würde. Und so wurde es auch. Autos rutschten ineinander, Fußgänger brachen sich die Beine... Die Stadtreinigung hatte versagt. Von dort wurde der Winterdienst zu spät ausgeschickt. Die Streufahrzeuge standen selber im Verkehrschaos fest. Man sollte meinen, »diese Bürokraten« wüßten langsam, was im Winter zu regeln ist.

Wer stellt eigentlich immer die Ampeln so ein, daß man pausenlos anhalten und wieder anfahren, anhalten und wieder anfahren... muß? Hat man immer noch nicht begriffen, wie »grüne Wellen« zu schalten sind? – Warum dauert es an Fußgängerampeln immer eine Ewigkeit, bis auf Knopfdruck das grüne Ergebnis erscheint?

Jeder weiß, daß Versicherungen fix hinter den Beiträgen her sind, jedoch tausend Gründe haben, nicht zu zahlen, wenn der Versicherungsfall eingetreten ist.

Ich erinnere mich an den Zorn einer Cousine aus Dresden. Es war kurz nach der Öffnung der Mauer, als ich sie besuchte. Sie schimpfte und schimpfte. Früher, als die Mauer noch da war, sei alles besser gewesen. Folgendes ärgerte sie besonders: Die gleiche Ware – so hatte sie gerade herausgefunden – wurde in verschiedenen Geschäften zu völlig unterschiedlichen Preisen angeboten. Da konnte eine Tafel Schokolade am Bahnhof 2,50 DM, an der Tankstelle 1,98 DM, im Süßwarenladen 1,29 DM und im Supermarkt 99 Pfennige kosten. Meine Cousine – sie hatte ahnungslos am Bahnhof gekauft – war fest überzeugt, daß es sich dabei um einen schmutzigen Trick der Besser-Wessis handelte, mit dem Ziel, die arglosen Ossis über den Tisch zu ziehen.

Das machen andere doch auch nicht

Warum können sich die Menschen nicht ganz einfach gut benehmen? Ist das so schwierig? Warum gibt es immer wieder Leute, die glauben, das tun zu müssen, was andere doch auch nicht tun? Hat denen keiner beigebracht, wie man sich zivilisiert verhält?

Gehen Ihnen diese Gedanken nicht auch manchmal durch den Kopf? Sie stehen nicht allein damit. So ging es auch kürzlich einer Bekannten von mir, Frau Dreier. Sie ist eine ordentliche und gepflegte Person, die stets weiß, was sich gehört, und nicht nachvollziehen kann, warum andere Leute das oft nicht wissen.

»Stellen Sie sich vor«, sagte sie eines Tages mit erregter Stimme zu mir. »Mein Nachbar ist das Letzte!«

»Was hat er getan?«, fragte ich.

Frau Dreier erzählte mir, daß sie am Vortag im Garten gearbeitet habe. Der Nachbar habe auf seinem Grundstück ebenfalls gegraben und gejätet. Er habe sie angesprochen. Man habe ein paar Worte gewechselt. Schließlich hätten beide am Zaun gestanden und sich unterhalten.

»Und dann fängt der plötzlich an, sich die Haare aus den Nasenlöchern zu zupfen!« Frau Dreier war empört. Sie habe ihn absichtsvoll böse angeschaut. Der Nachbar sei jedoch viel zu dickfellig gewesen, den Blick richtig zu verstehen.

»Dann fing der auch noch an, die gezupften Haare auf meiner Seite über den Zaun zu werfen! Da habe ich dem aber Bescheid gesagt!« Daraufhin sei der Nachbar zunächst so verdutzt und dann verärgert gewesen, daß er etwas gesagt habe, was die Stimmung auch nicht gerade verbesserte.

Als Frau Dreier mir von dieser Episode berichtete, dachte ich mir: Das ist doch recht pingelig. Die paar Nasenhaare im Garten können doch nicht soviel Schaden angerichtet haben. Dann fiel mir jedoch wieder ein, wie ich mich über einen

Kollegen geärgert hatte, mit dem ich mehr als ein Jahr lang das Büro teilen mußte. Dieser Mann hatte die Gewohnheit, sich von Zeit zu Zeit am Kopf zu kratzen und dann zu betrachten, was sich unter seinen Fingernägeln angesammelt hatte. Mit dem gleichen Blick pflegte er auch nach jedem Naseputzen das Resultat im Tuch zu überprüfen. Wie oft lag mir auf der Zunge: »Herr Dr. Berger, das macht man nicht.«

Wie das Schicksal so spielt

Nicht nur die anderen Menschen gehen uns auf den Keks, den Zwirn, den Zeiger, den Wecker oder was auch immer. Manchmal kann man wirklich denken, daß das Schicksal oder die Sterne es aus Bosheit persönlich auf uns abgesehen haben.

Das ist mir einmal passiert: Mit meiner Freundin wollte ich Ski-Urlaub machen. Vom Hauptbahnhof aus sollte der Sonderzug mit unserer Reisegruppe sehr früh starten. Meine Freundin hatte bei mir übernachtet. Lange vor Tagesanbruch wollten wir uns auf den Weg machen, um pünktlich zur Abfahrt am Bahnhof zu sein. Nach einer schnellen Tasse Kaffee nahmen wir unsere Koffer und begaben uns per Aufzug zur Tiefgarage des Hochhauses. Gepäck in den Kofferraum, Ski auf das Dach, einsteigen und los.

Und dann standen wir vor der Tür der Garagenausfahrt. Ich drückte den Knopf der Fernsteuerung, zog am Band der Handbedienung, fluchte, trat gegen die Tür... Nichts. Bis wir das Gepäck und die Ski wieder entladen, ein Taxi gerufen und den Bahnhof erreicht hatten, war der Sonderzug natürlich weg. Was blieb uns anderes übrig, als normale Fahrkarten zu kaufen und dann mit dem nächsten Zug unserer Reisegruppe hinterherzufahren?

Damit nicht genug. Es stellte sich heraus, daß es zwei Ski-Orte mit demselben Namen in der betreffenden Region Österreichs gab. Wir hatten selbstverständlich den falschen Ort angesteuert. Nun mußten wir notgedrungen dort übernachten und am nächsten Morgen per Linienbus zum richtigen Ort fahren. Als wir endlich unser Hotel erreicht und den Reiseführer begrüßt hatten, bemerkte meine Freundin, daß sie ihre Ski-Brille vor Aufregung irgendwo hatte liegenlassen.
Haben Sie schon einmal erlebt, daß Ihnen der einzige Fernsehapparat mitten im spannenden Krimi ausfällt?
Ist Ihr Wagen schon einmal während einer stürmischen Regennacht auf freier Landstraße stehengeblieben? Wissen Sie, wie es ist, wenn Sie dann nach einer Stunde Fußmarsch endlich den rettenden Bauernhof erreicht haben, um von dort die gelben Engel zu rufen, und vor der Hofeinfahrt steht ein Zweizentnerhund und verteidigt sein Revier?

Warum gerade ich?

Sind Sie so, wie Sie gerne wären? Sind Ihre Lebensumstände so, wie Sie sie gerne hätten? Das kann nicht jeder von sich behaupten.
Bei mir ging es bereits in der Kindheit mit dem Vornamen los. Meine Eltern hatten mich »Hedwig« taufen lassen. Das war schon damals kein zeitgemäßer Name mehr. Die anderen Mädchen in meiner Klasse hießen Sabine, Dietlinde, Rosemarie, Gabriele, Doris oder wenigstens Maria oder Elisabeth. Meine guten Eltern hatten sich bei der Namenswahl aber nicht davon beeindrucken lassen, was ein »schöner« Name war oder ein »klangvoller« oder ein »zeitgemäßer«. Sie hatten zwei Wünsche: Erstens, der Name sollte aus unserer Familiengeschichte stammen; zweitens, er sollte mir eine Namens-

patronin bescheren, deren Leben und Charakter mir Vorbild sein konnten.
Als Kind hatte ich nicht die innere Überlegenheit, mich lächelnd über den Spott meiner Klassenkameraden zu stellen. Ich kochte vor Wut, wenn sie sangen: »Hedwig – Die Nähmaschine geht nicht. Der Faden ist gerissen. Die Hedwig hat ...« Das Lied hatte noch etliche Zeilen, eine ärgerlicher als die andere.
Was bei mir der Name war, ist bei einer meiner Freundinnen bis auf den heutigen Tag die Narbe. »Ich bin eine Zangengeburt«, pflegt Ute zu sagen. Dabei tippt sie sich stets auf eine leichte Delle schräg unterhalb des linken Auges. Wer Ute nicht kennt, mag diese Delle für ein Grübchen halten und sie sogar hübsch finden. Ute jedoch weiß, daß es sich um eine Narbe von der Zange handelt. Sie kann immer wieder vor dem Spiegel stehen, auf die Narbe starren und sich ärgern. Daß ihr linkes Auge seit der Geburt erblindet ist, ärgert sie nicht halb so viel.
Kennen Sie den Spruch »Je kleiner, desto Gift«? Der Satz ist ungerecht. Trotzdem erleben wir es immer wieder, daß besonders kleine Männer von starkem Ehrgeiz getrieben sind und sehr schnell überzeugt sind, daß andere sich über sie lustig machen oder ihnen berufliche Chancen verderben.
Welche Frau hat nicht das Gefühl, zu dick oder zu dünn zu sein? Die eine hält ihre Beine für nicht hübsch genug, die andere kämpft ein Leben lang um wallende Locken... Und die Männer? Der eine ärgert sich, daß er keine Haare auf der Brust hat, der andere zählt täglich die Restbestände auf dem Kopf. Der eine mag niemandem seine feuchte Hand reichen, der andere würde lieber eine nicht so starke Brille tragen...
Aber nicht nur unser Körper ärgert uns. Bei manchen sind es die schwachen Nerven mit Anfällen von Angst und Hektik, bei anderen gibt das schlechte Gedächtnis immer wieder Anlaß zu Kummer. Und dann gibt es auch noch die Men-

schen, die sich über ihre Herkunft ärgern, über die bucklige Verwandtschaft, über den Dialekt, den sie nicht loswerden können...
Warum gerade ich? – Das fragen wir uns nicht, wenn wir besonders froh sind über einen Glücksfall oder über etwas Gutes an oder in uns selbst. Diese Frage stellen wir uns, wenn wir das Gefühl haben, vom Schicksal ganz besonders benachteiligt worden zu sein, wenn wir das Gefühl haben, daß es den anderen Menschen leider viel besser geht. Das ärgert uns.

Ärger ist ein Wanderpokal

An meinem ersten Arbeitstag bei einer Unternehmensberatung machte der Leiter der Abteilung mich mit den dortigen Details zwischenmenschlicher Beziehungen bekannt. Den folgenden Rat von ihm habe ich bis heute nicht vergessen: »Gehen Sie immer sehr pfleglich mit den Sekretärinnen um. Wenn denen etwas nicht paßt, dann werden die krank, und wir stehen mit der Arbeit da.« Warum sollte ich nicht »pfleglich« mit meinen Kolleginnen und Kollegen umgehen? Mich befremdete der Hinweis.
Bald jedoch wurde mir klar, wie die Spielregeln in diesem Unternehmen waren. Es wurde an Stühlen gesägt. Man jagte sich gegenseitig Vertriebsprämien ab, stellte sich gegenseitig Fallen beim Kampf um die Gunst der Kunden... Im Prinzip war es so: Jeder grub jedem eine Grube und mußte sich gleichzeitig ständig bei jedem für erlittenen Schaden rächen. Nur die Sekretärinnen konnten nicht recht mithalten in diesem Poker um Macht und Prämien. Dafür waren sie von der ständig gereizten Stimmung im Unternehmen entnervt. Ein schräger Blick, und die jeweilige Dame blieb erst einmal ein paar Tage krank zu Hause.

Darauf kann man sich verlassen: Ärger, den wir anderen Menschen machen, der kommt zurück. Die alte Volksweisheit »Wer anderen eine Grube gräbt, fällt selbst hinein« gilt auch für Ärger. Man kann es so formulieren: »Wer andere ärgert, kann sich bald selbst ärgern.«

Ich erinnere mich an diesen Fall: Der Sohn einer Nachbarin ließ niemals eine Gelegenheit aus, der Mieterin seiner Eltern mit irgendeiner Flegelei auf die Nerven zu gehen. Für ihn war die alte Dame eine lächerliche Figur, und das sagte er ihr auch von Zeit zu Zeit. Eines Tages hatte er seinen Hausschlüssel vergessen. Mitten in der Nacht kletterte er über den Balkon der Mieterin, schlich durch ihr Zimmer und wollte so in die Wohnung seiner Eltern gelangen. Die Dame wachte auf. Als sie ohne Brille und im Dunkeln den fremden Mann sah, schrie sie laut auf. Es gab einen Wortwechsel, bei dem der junge Mann sinngemäß gesagt haben soll, die alte Wachtel solle froh sein, wenn zu ihr überhaupt noch mal einer ins Zimmer komme. Darüber ärgerte sich die Frau so sehr, daß sie es mir und anderen Nachbarn mehrmals erzählte. Eine Bekannte gab ihr einen Tip, wie sie den Übeltäter »zurückärgern« konnte.

In einem unbeobachteten Moment schlich sich die Frau in den Flur ihrer Vermieter. Dort holte sie den Autoschlüssel aus der Jackentasche des Sohnes. Im Auto vergoß sie einen Liter frischer, fetter Milch auf dem Rücksitz. Sorgfältig bedeckte sie die Flecken mit Zeitungen und Pullovern, die dort herumlagen. So stand der Wagen dann in der prallen Sonne. Wissen Sie, wie es riecht, wenn Milch sauer wird? Die Freundin des jungen Mannes soll sich einen Tag später geweigert haben, in den Wagen einzusteigen. Die Mieterin nahm mit Befriedigung vom Fenster aus zur Kenntnis, wie das Mädchen fragte: »Hast Du Dich hier übergeben?«

Ärger geht nicht nur zwischen verfeindeten Parteien hin und her. Ärger kann auch über eine ganze Personenkette weitergereicht werden. Ich komme beispielsweise in die Tiefgarage und stelle fest, daß jemand so eng an meinem Wagen parkt, daß ich mich beim Einsteigen verrenken muß und auch noch meinen Mantel am staubigen Blech beschmutze. Das macht mich schon so schlecht gelaunt, daß ich an der nächsten Kreuzung jemandem die Vorfahrt nehme. Der kommt wutentbrannt zur Arbeit und berichtet dort, was er schon wieder zum Thema »Frau am Steuer« erlebt hat. Die Kollegin, die selber täglich verrückte Sachen mit »Mann am Steuer« erlebt, ärgert sich über den Chauvi und muffelt Herrn Winkelbier an, einen überzeugten Benutzer öffentlicher Verkehrsmittel. Der weiß nicht, was über diese Frau gekommen ist, warum sie so fies zu ihm ist. Er läßt seinen Ärger... Und so weiter und so fort. Erstaunlich am Ärger ist: Man kann ihn weitergeben und behält trotzdem noch ausreichend für sich selbst zurück.

Darf die das?

Wir wissen natürlich, daß wir uns viel zu viel ärgern und daß sich der meiste Ärger gar nicht lohnt. Und trotzdem. Irgendwie haben wir doch immer wieder das Gefühl, daß wir sehr wohl ein »Recht« auf den Ärger haben, der uns gerade plagt.
Ich erinnere mich an meine Kindheit. In dem kleinen Ort, in dem ich aufwuchs, gab es eine Witwe. Diese Frau, so hieß es, habe ihren Mann ins Grab geärgert. Aber davon soll hier nicht die Rede sein. Eines Tages hatte eine der Nachbarinnen beobachtet, daß der Postbote vormittags ins Haus der Witwe gegangen war, obwohl diese – wie alle anderen Leute auch – ihren Briefkasten draußen neben der Haustür hatte. Es sprach sich herum wie ein Lauffeuer. Schon am nächsten Tag lagen

vier Frauen, der Rentner von gegenüber und der Küster der Pfarrkirche auf der Lauer.
Tatsächlich, der Briefträger betrat das Haus. Die Witwe schloß die Tür hinter ihm. Es soll fast eine halbe Stunde gedauert haben, bevor der Mann seine Runde zu den anderen Häusern fortsetzte. Die Beobachter brodelten nur so in ihrem Ärger über die »unmoralische« Frau. Nun sollte man meinen, daß die Empörten doch einfach hätten wegsehen können. »Was ich nicht weiß, macht mich nicht heiß.« Nein, man behielt die Witwe und den Briefträger noch wochenlang im Auge. Niemand wollte auf den Spaß am Ärger verzichten. Als sich dann sogar herausstellte, daß die Besuche völlig harmlos waren, da haben sich ganz bestimmt einige der Moralapostel darüber geärgert, daß es gar nichts zum Ärgern gegeben hatte.
Macht es uns nicht auch manchmal Freude, voller Zorn die Sünden anderer Verkehrsteilnehmer zu beobachten oder die Verstöße gegen die Hausordnung oder was auch immer? Haben wir nicht »berechtigten« Grund zu diesem Ärger? Schließlich tun die anderen doch ganz eindeutig etwas, was sie nicht dürfen. Nicht wahr?
Mein Kollege, Herr Rahmenspecht, hat ein ausgezeichnetes Gedächtnis für die Missetaten anderer. Eines Tages fuhr ich mit ihm durch die Stadt. An einer Kreuzung konnte er mir berichten, was er dort vor mehr als einem Jahr erlebt hatte: »Hier ist er abgebogen. Ich kam von rechts. Ich hätte die Vorfahrt gehabt. Da wechselt der einfach zwei Spuren auf einmal, schert aus...« Eine für mich zum Gähnen langweilige Geschichte folgte. Als ich meinem Kollegen riet, die Sache doch einfach zu vergessen, antwortete er empört: »So was kann der doch nicht machen! Der zieht hier einfach über zwei Spuren!« Für ihn war der Fall noch immer aktuell. Er wurde fast auf mich böse, weil er wohl befürchtete, ich könne ihm seinen Ärger mißgönnen.

Kann ich es noch ertragen?

Es gibt auch den Ärger, für den dieses Wort nicht mehr ausreicht. Das sind die Umstände in unserem Leben, die uns nachts nicht schlafen lassen, die uns das Leben vergällen und uns immer wieder vor die Frage stellen: Wie soll ich das noch aushalten? Es kann die berufliche Situation (beispielsweise »Mobbing«) sein, das Zusammenleben mit einem »schwierigen« Menschen (Alkoholiker, Neurotiker etc.), eine eigene schwere Krankheit, eine unglückliche Ehe, ungeratene Kinder oder krimineller Terror durch andere Menschen...
Für mich ist es oft erschreckend zu erleben, was manche Menschen an Lasten mit sich herumschleppen. Für Außenstehende kann es manchmal schwer verständlich sein, warum sich jemand dieses oder jenes noch »gefallen läßt«. Manchmal juckt es mich in allen Fingern, Betroffenen aus ihrem »Ärger« zu helfen. Es ist jedoch der falsche Weg, anderen Menschen das Leben umzukrempeln. Man kann und soll helfen, wenn man konkret gebeten wird. Aber letztlich muß jeder für sein eigenes Leben die Verantwortung übernehmen.
Eine Bekannte von mir lebte jahrelang mit einem Alkoholiker zusammen. Nicht selten fand sie ihn in seinem eigenen Schmutz nachts vor der Haustür wieder. Sie fühlte sich für den »armen Kranken« verantwortlich. Eines Tages brach sie selbst unter der Last zusammen. Sie mußte ins Krankenhaus, und die zwölfjährige Tochter war mit dem Vater allein.
Ein Kollege holt immer wieder seine Tochter von diesem oder jenem Bahnhof ab. Wochenlang hört er nichts von ihr, und dann ruft sie ihn an und will abgeholt werden. Das eine Mal bringt sie Läuse mit, das andere Mal Gelbsucht...
Ein befreundetes Ehepaar erhält seit Wochen Drohbriefe. Ein fingierter Einbruch und ein Angriff im Treppenhaus sind wahrscheinlich auch vom Hauseigentümer angestiftet, um sie aus der Wohnung zu ekeln.

Einem anderen Ehepaar wird ebenfalls das Leben im eigenen Haus zur Qual gemacht. Neben ihrer Eigentumswohnung ist eine Dame eingezogen, die sich einen Hund zugelegt hat, der nach kurzer Zeit zur Größe eines Kalbes herangewachsen ist. Das Tier springt jeden an und leckt hemmungslos durch die Gesichter. »Er will nur spielen«, sagt die Besitzerin dazu. Als ein älterer Herr aus Angst vor dem Ungeheuer die Treppe hinunterfiel, war die Dame auch noch beleidigt, weil der Mann kein »Tierfreund« sei. Der Versuch der Nachbarn, sich auf rechtlichem Wege des Hundes zu entledigen, endete mit einem »Clubtreffen« tätowierter Hundebesitzer vor dem Haus.

Wenn Sie unter solchen oder ähnlichen »Ärgerlichkeiten« zu leiden haben, dann kann es besser sein, nicht auf eigene Faust aktiv zu werden. Lassen Sie sich beraten. Sprechen Sie mit einem Anwalt, mit der Polizei, mit der Drogenberatung, der Telefonseelsorge oder anderen Fachleuten. Auf jeden Fall: Tun Sie etwas!

2
Platzen vor Wut
oder tägliche Tretmühle

Wie ein Blitz

Manchmal überfällt uns der Ärger plötzlich. Eben noch ahnten wir nichts Böses, und schon schlägt es ein. Es ist wie der besagte Blitz aus heiterem Himmel. Völlig unabhängig davon, ob der Ärger berechtigt ist oder nicht, werden wir in Sekunden herausgerissen aus den bisherigen Gedanken und Gefühlen. Es kann ein böses oder abfälliges oder auch nur gedankenloses Wort sein, das wir aufschnappen und das uns an nichts anderes mehr denken läßt. Plötzlich hat nur noch eines Platz in unserem Bewußtsein: der Ärger.
Ich habe einmal ein Seminar für Programmierer abgehalten. Zwölf Teilnehmer aus verschiedenen Unternehmen wollten bei mir ein neues DV-System kennenlernen. Ich hatte eine Aufgabe gestellt. Nun saßen die Teilnehmer an ihren Bildschirmen und programmierten. Da es Spaß machte, unterhielten sie sich nebenher, lachten und freuten sich, wie gut die Arbeit voranging. Auf einmal verdunkelten sich die Bildschirme. Die Ursache war ein Rechnerabsturz. Fast alle Teilnehmer hatten ihre unvollständigen Programme noch nicht gesichert gehabt und würden nun noch einmal von vorne anfangen müssen.

Ein junger Mann gab seinem Ärger spontan Ausdruck. Er schlug mit der flachen Hand gegen den Bildschirm und rief: »Scheiß-Krüppel!« Aber: Es gab in diesem Seminar einen anderen Teilnehmer, der erst vor kurzem Vater geworden war. Durch Zufall wußte ich, daß sein Kind schwer behindert war. Instinktiv schaute ich zu ihm hinüber. Er war blaß geworden. Er versuchte, sich nichts anmerken zu lassen. Trotzdem sah ich, wie er die Zähne zusammenpreßte.
Der junge Mann, der den unglückseligen Ausspruch getan hatte, hatte ganz bestimmt nicht die Absicht gehabt, irgendwem weh zu tun. Aber er hatte es getan, ahnungslos.
Achten Sie einmal darauf, wie Sie sich auf plötzlichen Ärger hin in den ersten Sekunden verhalten. Es muß gar nicht sein, daß Sie gleich zuschlagen (»die Hand rutscht aus«). Auch mit unbedachten Wörtern kann man – ohne es zu wollen – schlimme Schläge austeilen.

> **Regel:**
> Ärger?
> Mund zu!
> Weiteratmen, zählen, Blickrichtung wechseln
> und
> dann in Ruhe reagieren – falls überhaupt nötig.

Vor einiger Zeit soll in einer Stadt einmal folgendes passiert sein: Ein Mann betrat eine Telefonzelle und telefonierte. Als das Gespräch beendet war, stellte er fest, daß er die Zelle nicht mehr verlassen konnte, denn jemand hatte ein Auto so vor der Tür geparkt, daß sich diese nicht mehr ausreichend öffnen ließ.
Was nun? Vom Autofahrer war weit und breit nichts zu sehen. Der Mann in der Telefonzelle hatte keine Münzen mehr, und bei dem Apparat ließ sich ohne Münzen kein Notdienst anwählen.

Wutentbrannt knallte er mehrfach die Tür der Telefonzelle gegen das Blech des Autos. Passanten wurden aufmerksam. Anstatt dem Eingesperrten zu helfen, stellten sie sich schmunzelnd in einem größer werdenden Kreis auf. Irgend jemand munkelte, es handele sich ganz bestimmt um einen Streich von »Vorsicht Kamera« oder einer ähnlichen Fernsehsendung. Je mehr der Mann in seinem Gefängnis tobte, desto besser fühlte sich das Publikum unterhalten.

Daß es sich keinesfalls um einen gelungenen Gag handelte, wurde den Zuschauern erst bewußt, als der Mann eine Glasscheibe der Telefonzelle eintrat. In diesem Moment kam der Autofahrer zurück und sah den Schaden an seinem Wagen. Er fühlte sich unschuldig, weil er beim Parken niemanden in der Zelle bemerkt hatte.

Fazit: Der endlich Befreite bekam eine Anzeige für das Beschädigen der Telefonzelle und des Autos. Er mußte sich am Bein eine Schnittwunde nähen lassen und hatte zusätzlich den Ärger, sich ungerecht behandelt zu fühlen. Dazu kam die Scham, in aller Öffentlichkeit den Clown gespielt zu haben.

> **Regel:**
> Ärger?
> Mund zu!
> Beide Füße fest auf den Boden stemmen.
> Hände zusammenlegen.
> Weiteratmen, zählen, Blickrichtung wechseln
> und
> dann in Ruhe reagieren – falls überhaupt nötig.

Es ist nicht so, daß Sie allen Ärger schweigend und wehrlos in sich hineinfressen sollen. Es geht darum, daß der Ärger, der uns plötzlich überfällt, uns keine Chance gibt, wohlüberlegt und mit Vernunft zu reagieren, wenn wir uns auf der Stelle von ihm überwältigen lassen. Es besteht die Gefahr, daß wir blitzschnell und instinktiv unsere Wut herauslassen und damit anderen oder uns selbst schaden. Eine schlechte Reaktion auf einen plötzlichen Ärger kann dazu führen, daß wir uns unversehens zusätzlichen und noch größeren Ärger aufhalsen.

Deshalb die Empfehlung:

1. Mund zu, Füße fest auf den Boden, Hände zusammenlegen.
Das soll übereilte Reaktionen verhindern.

2. Weiteratmen, zählen.
Ob es sich um Adrenalin, »Ärgerhormon« oder sonst etwas handelt, es soll auf jeden Fall die körperlich fühlbare Welle des Ärgers erst einmal »durchrollen«. Wir sind ja oft für Sekunden wie gelähmt. Man sagt auch: »Der Atem stockt.« Das regelmäßige Atmen kurbelt die Sauerstoffzufuhr wieder an. Unsere Sinne erholen sich, der Verstand kann wieder arbeiten.

3. Blickrichtung wechseln.
Das ist eine Hilfe für uns, unsere Aufmerksamkeit erst einmal abzulenken. Man weiß auch von Tieren, daß sie sich beruhigen, wenn man das, was sie wütend oder unruhig macht, aus ihrem Blickfeld entfernt. Sie kennen es vielleicht auch von sich selbst. Haben Sie sich schon einmal die Hände vor das Gesicht gelegt oder die Augen fest zugekniffen? Das kann bei Schrecken, großem Kummer etc. vorkommen. Als Kinder glaubten wir: Was ich nicht sehe, ist auch nicht da. Wenn ich meine Augen verdecke, dann können andere mich auch nicht sehen. In unserem Unterbewußtsein glauben wir das immer noch.

4. In Ruhe reagieren – falls überhaupt nötig.
Reagieren ist nicht immer nötig. Wenn ich mich ärgere, weil mir jemand einen »Vogel zeigt«, kann ich natürlich Anzeige erstatten. Ich kann mir die Mühe aber auch sparen.
Ruhiges und vernünftiges Reagieren ist besonders schwer, wenn es schnell und noch unter emotionalem Druck gesche-

hen muß. Nicht jeder ist »schlagfertig« genug, gleich eine gute Idee zu haben. Man kann es jedoch trainieren. Nur: Für die meisten Menschen ist es mindestens ebenso wichtig, erst einmal zu üben, nichts zu tun und nichts zu sagen.
Probieren Sie es aus. Lassen Sie sich vor dem Reagieren folgendes durch den Kopf gehen:

1. Wie ist tatsächlich (von außen betrachtet) die Situation – objektiv gesehen? Was kann ich durch Fluchen, Toben, Schlagen etc. verbessern?
2. Welchen Schaden kann ich maximal erleiden, wenn ich nicht sofort etwas unternehme?
3. Was kann ich ändern, was nicht?
4. Was will ich durch meine Reaktion erreichen?
5. Was darf nicht passieren?
6. Wie kann ich vorgehen?
7. Ist es überhaupt nötig, daß ich mir die Mühe mache?

Wenn Sie diese Überlegungen angestellt haben, können Sie leichter gezielt und erfolgversprechend aktiv werden. Wahrscheinlich ist der akute Ärger bereits verraucht. Vielleicht können Sie sich inzwischen auch schon sagen: »Vergiß es!«

Eine Bekannte ist Reiseleiterin in Sri Lanka. Sie erzählte mir kürzlich von einem Ehepaar aus Köln. Die beiden hatten in einem Strandhotel ein Zimmer mit Balkon zum Meer gebucht. Diese Zimmer waren teurer als die anderen. Die Kölner hatten den erhöhten Preis bezahlt, weil sie unbedingt einen optimalen Urlaub verbringen wollten.
Nach vielen Flugstunden kamen sie in Colombo an. Vom Flughafen fuhren sie mit dem Bus zum Hotel außerhalb der Stadt. Sie waren müde, verschwitzt und genervt von den Anstrengungen der Reise und von der ungewohnten Hitze.
Und wie es dann so sein kann: Wo Menschen arbeiten, werden Fehler gemacht. Als das Ehepaar spät abends das Hotel

erreichte, war doch kein Zimmer mit Meeresblick frei. Das hätte selbstverständlich nicht passieren dürfen, und die Kölner hatten durchaus Grund, sich zu ärgern. Die beiden waren jedoch so außer sich, daß sie auf der Stelle mit einem Taxi zum Flughafen zurückfuhren. Vielleicht war ihr Zorn bei der Ankunft dort längst verraucht, und sie mochten sich nur nicht die Blöße geben, noch einmal vor dem Hotel anzukommen. Auf jeden Fall kehrten sie so schnell wie möglich wieder heim und nahmen sich einen Anwalt.

War das der optimale Urlaub? Wären sie geblieben, hätten sie sich in einem weniger guten Zimmer zunächst ausschlafen können. Am nächsten Tag hätte die Reiseleiterin sie zu einem Cocktail und zu einem kostenlosen Ausflug eingeladen. Bis Mittag wäre längst ein Zimmer mit Balkon zum Meer für sie frei geworden. Schon einen Tag später wäre die kleine Reservierungspanne vergessen gewesen.

Ein Hamster im Rad

Es gibt auch den anderen Ärger – den, der uns nicht plötzlich überfällt. Es ist der Ärger, der uns begleitet wie ein böser, aber treuer Freund. Wir sprechen zum Beispiel von unserem Beruf als der täglichen »Tretmühle«. Wer diesen Ausdruck gebraucht, hat wahrscheinlich mehr Ärger als Freude am Arbeitsplatz.

Ich selbst hatte vor Jahren einmal das Gefühl, in mein Berufsleben eingespannt zu sein, wie ein Hamster in seinem Rädchen. Je schneller der Hamster rennt, desto schneller dreht sich das Rädchen, umso schneller muß er rennen…

Ein Hamster macht das zum Vergnügen und kann jederzeit aussteigen. Auch ich hatte mit Vergnügen angefangen, an meiner Karriere zu arbeiten. Aber mit dem Erfolg kam der

Druck, noch mehr und noch mehr und noch mehr zu leisten. Ich fühlte mich wie gefangen in einem sich immer schneller drehenden Rad. Vor dem Aussteigen hatte ich Angst. Das heißt: Zu der Belastung im Beruf, die als drückender Streß empfunden wurde, kam der Ärger über mich selbst, daß ich zu ängstlich war, mich zu befreien.

Eine junge Frau erzählte mir kürzlich, sie fühle sich im Berufsleben »wie die Wurst im Brot«. Sie wollte damit ausdrücken, daß sie sich von zwei Seiten eingeengt fühlte. Es nagte an ihr und machte sie täglich unzufriedener. Sie hatte eine gut bezahlte Position als PC-Spezialistin im Benutzer-Service eines großen Unternehmens. Ihre Aufgabe war es, die Benutzer – also Sachbearbeiter, Manager, Sekretärinnen – zu unterstützen, wenn diese Probleme mit ihren PCs oder mit den Programmanwendungen hatten. Sie mußte dafür sorgen, daß man jederzeit reibungslos mit der Software arbeiten konnte. Fielen die PCs aus, machten die Benutzer ihr sofort »die Hölle heiß«. Das taten sie nicht aus Bosheit, aber sie standen selbst unter großem Zeitdruck. Darüber hinaus war sie die Kontaktperson zu den Herstellern von PCs und Software.

Im Grunde sollte es ein schöner Beruf sein. Als eine der ersten lernte sie ständig die moderne Technik kennen und behielt gleichzeitig den Kontakt zum Tagesgeschäft der Sachbearbeiter. Die junge Frau war jedoch nicht glücklich. Sie hatte keineswegs zuviel zu tun. Ihr Problem war das Übermaß an Ärger. Für die Sachbearbeiter war sie nur in Problemsituationen die Ansprechpartnerin. Nie rief jemand sie an und sagte: »Mein PC läuft wunderbar. Die Programme arbeiten hervorragend. Danke!« Die Anrufe waren eher so: »Der Mist läuft schon wieder nicht! Was gestern war, war auch Quark! Machen Sie was! Sofort!« In den Augen der DV-Benutzer gehörte die junge Frau zur »Computer-Mafia« und war somit Teil des Problems mit der Technik. Gleichzeitig war sie jedoch für die

Spezialisten der Herstellerfirmen keine ebenbürtige Gesprächspartnerin. Dort sah man sie als Teil der »doofen Benutzer«, die von Datenverarbeitung »keine Ahnung« hatten. Mit entsprechender Herablassung ging man dann auch mit ihr um.
Kennen Sie das, daß andere Menschen Ihnen pampig kommen? Hat schon einmal jemand mit Ihnen geschimpft, obwohl Sie an der Gereiztheit des anderen völlig unschuldig waren? Haben Sie schon einmal gesagt oder auch nur gedacht: »In dem Ton nicht mit mir!«?

> **Regel:**
> Ärger – weil ein anderer mir pampig kommt.
> Mund zu!
> Weiteratmen, zählen, Blickrichtung wechseln.
> Denken: Wie fühlt sich der andere jetzt?

Fast nie sind andere Menschen fies und gemein, weil es ihnen Spaß macht. Oft ist es nur der verzweifelte Ausdruck eines Menschen, der selber akut unter Druck steht und sich nicht beherrschen kann.
Die stumme Frage, wie sich in diesem Moment wohl der andere fühlt, kann Ihnen helfen, innerlich Abstand zu nehmen von dem Gefühl, persönlich verärgert oder gar beleidigt zu sein. Sie wenden die Aufmerksamkeit weg von sich selbst und Ihren verletzten Gefühlen. Sie wenden sich hin zu den Gefühlen des Mitmenschen. Ihnen wird bewußt, daß es dem anderen auch gerade nicht gut geht. Aus diesem Blickwinkel heraus können Sie erkennen, daß der andere Sie nicht ärgern wollte. Ihm ist lediglich der Mund übergelaufen von dem, was in ihm selbst brodelte. Sie kennen sicherlich das Sprichwort: »Wovon das Herz voll ist, quillt der Mund über.«
Verzichten Sie auf kleinliches Aufrechnen, ob Sie sich »diesen Ton bieten lassen« müssen. Sie müssen es sich nicht bieten

lassen, aber Sie dürfen souverän darüber hinwegsehen und -hören. Egal, wie schlecht ein anderer sich Ihnen gegenüber benimmt: Es fällt Ihnen kein »Zacken aus der Krone«, wenn Sie es lächelnd ignorieren.

Es gibt Menschen, die wirken arrogant. Haben Sie das schon erlebt? Haben Sie auch schon die Erfahrung gemacht, daß Arroganz nicht immer von allen gleich gesehen wird? Menschen, die auf Sie einen arroganten Eindruck machen, wirken auf andere vielleicht sehr nett. Diese Erkenntnis hilft uns leider nicht, wenn uns wieder einmal ein »eingebildeter Pinsel« ärgert. Wenn das dann auch noch ein Kollege oder ein Spezialist ist, den wir tagein, tagaus um uns haben (wie die oben erwähnten Fachleute der PC-Hersteller), dann kann das ganz schön an die Nerven gehen.

> **Regel:**
> Ärger –
> weil ein anderer sich zu mir herablassend verhält.
> Weiteratmen, zählen, Blickrichtung wechseln.
> Denken:
> Worauf bildet der andere sich etwas ein? (Schönheit? Reichtum? Erfolg?)
> Denken und fühlen:
> Ich gönne Dir ohne jeden Neid genau das, worauf Du so stolz bist.
> Sagen:
> Nichts.

Wenn wir ganz ehrlich sind, ist es nämlich oft durchaus so, daß wir genau die Menschen als arrogant empfinden, die mit etwas prahlen, was wir gerne für uns selbst gehabt hätten. Schöne Menschen kommen uns leicht arrogant vor. Wären wir nicht selber auch gerne schön? Wenn ein anderer lässig aus seinem dicken Luxusauto steigt und blasiert um sich schaut, dann kann es nicht schaden, sich selbst einzugestehen: Mit einem solchen Blick möchte ich auch einmal gerne vor neidischen Zeugen aus einem solchen Auto steigen.

Sie können sich wirklich von sehr viel Ärger entlasten, wenn Sie anderen Menschen ganz einfach ihren Stolz und auch das Prahlen gönnen. Wenn dieser »eingebildete Pinsel« ein Mensch ist, den Sie täglich – zum Beispiel am Arbeitsplatz – um sich haben, dann sagen Sie ihm doch einmal, daß Sie das, worauf er stolz ist, auch ganz toll finden. Vielleicht wird durch Ihre Bewunderung eine bisherige Ärgerquelle zu einem netten Mitmenschen.

Einmal wurde ich Zeugin einer anderen Quelle beständigen Ärgers. Ich war bei einer Bekannten zu Besuch. Wir tranken Kaffee, als das etwa zehnjährige Kind vom Sporttraining heimkam. Türen knallten, Schuhe flogen quer durch den Flur, eine Jacke landete auf der Sessellehne, die Tasche in einer Ecke. Das Kind weigerte sich zu grüßen. Die Fragen der Mutter nach Essenswünschen wurden ignoriert. Peng, peng, peng, stapfte das kleine Ungeheuer die Treppe hinauf und knallte oben wieder eine Tür hinter sich zu.

Meine Bekannte seufzte, entschuldigte sich für die bisher fehlgeschlagene Erziehung zu Höflichkeit und gutem Benehmen, stand auf und räumte Schuhe, Jacke, Tasche weg. Dabei redete sie pausenlos vor sich hin: »Hundertmal habe ich gesagt, sie soll die Türen nicht zuwerfen, und wieder liegt hier alles rum, ich bin ja nur das Dienstmädchen, alles kann ich alleine machen, und immer und immer muß ich hier...«

Für mich war es ein einziges sinnloses Jammern. Die Frau würde heute, morgen, übermorgen und noch nach Jahren klagend hinter dem Kind herräumen und sich noch im Alter ärgern: »Alles habe ich für Dich getan. Wo ist der Dank?«

Diese Art des Ärgers ist eine Tretmühle, aus der man aussteigen muß. Da hilft kein souveränes Darüberstehen. Wenn Sie

von ähnlichem Ärger geplagt werden, sollten Sie sich diese Fragen stellen:
- Was genau ärgert mich eigentlich?
- Wie müßte es sein, daß ich mich nicht mehr ärgere?
- Warum lasse ich mich von anderen Menschen so würdelos behandeln?
- Welche Möglichkeiten gibt es, die Situation zu ändern?
- Welche Unbequemlichkeiten müßte ich in Kauf nehmen, wenn ich etwas ändern wollte?
- Bin ich bereit, die Unbequemlichkeiten auf mich zu nehmen?

Dann gibt es eigentlich nur diese Alternativen:
1. Sie können nichts ändern. Können Sie sich dann wenigstens das Ärgern abgewöhnen?
2. Sie können die Situation ändern. Tun Sie das, oder gestehen Sie sich ehrlich ein, daß Sie auch einen gewissen Spaß an Ihrem bedauernswerten Schicksal haben.

Die folgende Übung kann Ihnen helfen, sich von den Spannungen der täglichen Tretmühle zu entlasten:
- Legen Sie sich flach auf eine nicht zu harte Fläche (Bett, Sofa).
- Schließen Sie die Augen.
- Sie sind ein Haar im Swimmingpool.
  Das sanfte Schaukeln der Wellen bewegt Sie hin und her.
  Die Sonne scheint. Wärme durchdringt Sie.
  Schaukeln.

Drei Minuten reichen. Entspannen Sie alle Muskeln. Von der Stirn bis zu den Zehen sind alle Muskeln locker. Denken Sie daran, daß Sie ein Haar sind. Das kann sich nicht selbst bewegen. Es wird bewegt. Haben Sie schon einmal ein Haar aus dem Wasser gezogen? Entspannen Sie sich so, daß sie schlapp hängen würden wie ein nasses Haar, wenn jemand käme und sie mit spitzen Fingern aus dem Wasser zöge.

Neid, Gier und Eifersucht

Muß eigens erwähnt werden, daß Neid, Gier und Eifersucht hervorragende Ärgerquellen sind? Fangen wir mit dem Neid an.

Wir geben nicht gerne zu, daß wir ein solch scheußliches Gefühl wie Neid überhaupt kennen. Wenn wir uns abfällig über Schönheit, Reichtum oder Erfolg anderer Menschen äußern und so tun, als seien solche Dinge völlig unwichtig und als seien wir froh, nicht soviel davon zu haben, dann kann es vorkommen, daß man uns sagt: »Du bist doch nur neidisch.« Das streiten wir sofort ab. Bei anderen erkennen wir sehr wohl den Neid, wenn zum Beispiel ein fülliger Mensch einen schlanken als zu mager bezeichnet oder wenn ein Kleinwagenfahrer einen Mercedes schrecklich protzig findet.

Als vor einiger Zeit der Film »Der große Bellheim« lief, diskutierten wir im Freundeskreis die Leistungen der Schauspieler. Als jemand über die junge Frau sprach, die den Typ der erfolgsorientierten Karrierefrau verkörperte, betonte eine der Anwesenden sofort: »Die hat ganz gut gespielt. Aber diese Art Frauen mag ich nicht. Die sind so glatt und kalt.« Glatt und kalt! Eine schlanke, sportliche Frau mit dickem, blondem Haar war »diese Art Frau«. Ihre Kritikerin kenne ich seit Jahren in verzweifeltem Kampf um eine Figur, die man wenigstens noch als vollschlank bezeichnen könnte, und um die Frisur, die aus ihren dünnen Haaren eine Mähne machen sollte. Kein Neid?

Als es einer Vertriebsleiterin unseres Unternehmens endlich gelungen war, bei einem Großkonzern einen Millionenauftrag zu ergattern, da sagte mein Chef, der lange selbst vergeblich um diesen Kunden gekämpft hatte: »In deren Haut möchte ich auch nicht stecken. Was nutzt ihr all das viele Geld? Die ist doch menschlich so ekelhaft, daß es kein Mann bei ihr aushält.« Kein Neid?

Da hat der Klassenkamerad von damals sich ein Segelboot leisten können, und sofort finden wir Segeln langweilig und angeberisch. Wenn die Schneiders im Urlaub auf die Seychellen fliegen, sind wir auf der Stelle froh, daß wir nicht auf solch heißen Inseln in der Sonne sitzen müssen. Und dann das ungesunde Klima!
Neid fühlen wir selbstverständlich überhaupt nicht. Wir sind fest überzeugt, daß wir das, worauf andere Menschen stolz sind, gar nicht haben wollen. Wenn uns dann jemand an die Fabel mit den sauren Trauben erinnert, ärgern wir uns über den unpassenden Vergleich.
Von einem sehr religiös orientierten Bekannten erfuhr ich, wie er sich mit Hilfe eines Gebetes vom Ärger des Neides befreit hat. Er ging in drei Schritten vor:

1. Er hat sich zunächst selbst eingestanden, daß auch er anfällig war für Neidgefühle.
2. Er hat eine Woche hindurch sorgfältig Buch geführt über alle Situationen, in denen er negative Gefühle hatte: wenn ein anderer Mensch auf etwas stolz war oder etwas hatte (oder erreichte), was er für sich selbst auch nicht abgelehnt hätte.
   Dadurch wurde ihm bewußt, wo genau seine Neidschwachstellen waren. (Bei ihm: beruflicher und finanzieller Erfolg von Kollegen und deren Flirt-Erfolg bei Frauen.)
3. Er hat sich dieses Gebet ausgedacht und in seinen Terminkalender geschrieben: »Gott, laß mich Deine Gnade auch erkennen in dem Erfolg, dem Reichtum, der Attraktivität und dem Glück anderer Menschen.«

Wie wir uns von Mißgunst, Eifersucht und Neid befreien können, wird für jeden von uns anders sein. Für diesen Mann war die Religiosität eine Hilfe. In seinem Drei-Schritte-Programm mit dem daraus resultierenden Gebet hat er persönlich für sich eine langsame, aber stetige Änderung seiner Einstellung zu den Mitmenschen bewirkt. Er hat sich dadurch »ent-ärgert«, indem er bewußt trainierte, anderen Menschen ihre Vorteile und ihr Glück zu gönnen.

Was ist Gier? Haben Sie einmal einen Schweinestall betreten? Zunächst liegen die Tiere schlafend oder dösend herum. Kaum bemerken sie, daß jemand hereingekommen ist, springen sie auf, kreischen wie wild und drängen sich an die Tröge, als hätten sie seit Tagen keinen Bissen bekommen. So könnte man sich Gier vorstellen – so »primitiv«, wie der Begriff suggeriert.

Das meine ich jedoch nicht, wenn ich an dieser Stelle von Gier spreche. Die Gier, die das Herz verbiestert, den Menschen ekelhaft zu seinen Mitmenschen werden läßt, die ständig rafft und doch keine Befriedigung geben kann, die sieht anders aus.

Da ich selbst einmal an dieser Quelle des Ärgers saß, möchte ich davon berichten. Anders als die oben erwähnten Schweine aß ich höchst manierlich regelmäßig in den besten Lokalen, trank feinste Weine und konnte nicht genug bekommen an Kontakten zu »wichtigen Leuten«, die mir auf der Karriereleiter nützlich sein würden. In meiner Gier, die Karriereleiter immer höher und höher zu klettern, immer mehr und mehr Geld zu verdienen, hatte ich neben dem Streß auch noch den Ärger, ständig rechts und links von mir andere Menschen zu sehen, die der gleiche Eifer antrieb und die immer einmal wieder hier oder dort mich ein- und überholten. Ich habe vor lauter Gier nach Karriere, Geld, Ansehen und Macht gar nicht bemerkt, was wirklich wichtig ist im Leben. Nie war ich zufrieden. Jeder Erfolg wurde sofort schal, weil ich ständig die Konkurrenz im Auge behalten mußte.

Ein Projektleiter hat mir einmal erzählt, wie er sich von Zeit zu Zeit wieder an das wirklich Wichtige erinnert, wenn die Gier nach Geld, Macht und Karriere ihn packt. Er verläßt

dann das Büro, spaziert einmal über den Friedhof in der Nähe und macht sich klar: Wenn ich zum Beispiel heute auf der Heimfahrt oder morgen auf der Dienstreise verunglücke, dann kann ich schon nächste Woche um diese Zeit hier liegen.
Vielleicht sagen Sie jetzt: Der Mann ist makaber. Makaber oder nicht makaber. Er hat recht. Er stellt sich die Frage: Wenn mein Leben tatsächlich im Laufe dieser Woche beendet wird, was hat dann noch Bestand von dem, was gewesen ist? In seiner etwas lustigen (makaberen?) Art hat er mir aufgezählt, was nach seinem Tode passieren würde:

1. Die Firma setzt einen Nachruf in die Zeitung und einen jüngeren Projektleiter an seinen Schreibtisch.
2. Seine Frau weint eine Weile und sucht sich spätestens nach einem Jahr einen neuen Mann. Dieser wird sicher gerne in dem Pool schwimmen, den er für viel Geld angeschafft und vor lauter Arbeitseifer so selten genutzt hat.
3. Der Ruhm, was für ein erfolgreicher Mensch er einmal war, verblaßt spätestens nach fünf Jahren.

Makaber oder nicht makaber. Dieser Projektleiter konnte sich durch solche Überlegungen tatsächlich wieder zurücknehmen, wenn die Raffgier ihn antrieb, wenn der Ärger über die Raff-Erfolge seiner Karrierekonkurrenten an ihm fraß. Makaber oder nicht makaber. Trotz seiner Erfolge war er immer noch ein gelassener und heiterer Mensch. Sein Trick mit dem Friedhof hat auch bei mir gewirkt. Ich habe gelernt, daß es nicht wichtig ist, ob ich einen mindestens ebenso teuren Wagen fahre wie die Kollegen, ob ich noch mehr Kaschmirpullis im Schrank habe und schon wieder neue Visitenkarten brauche, weil meine Position sich verbessert hat... Wichtig ist, daß ich neben der Arbeit die Zeit habe, das zu tun, was mir Spaß macht. Wichtig ist, daß ich die Zeit habe, mich mit den Menschen zu befassen, die mir lieb sind, die mich interessieren.

Diesen Ärger habe ich heute nicht mehr:
- ☐ Ich komme nicht dazu, die Bücher zu lesen, die ich lesen möchte.
- ☐ Ich langweile mich in Gesprächen mit Leuten, die ich nur aus taktischen Gründen um mich habe.
- ☐ Ein anderer hat mir etwas (einen Posten oder Einfluß) weggeschnappt, worum ich hart gekämpft habe.
- ☐ Menschen sind gemein zu mir, weil ich sie auf meinem Erfolgskurs beiseite gestoßen habe.

Eifersucht ist eine schlimme Sache. Wer gerade nicht darunter leidet, mag vernünftige Ratschläge geben können, wie ein Eifersüchtiger von der »Sucht« lassen soll. Aber was kann der Verstand ausrichten, wenn das quälende Gefühl die Seele plagt? Die Eifersucht ist eine wahre »Mutter des Ärgers«.
Was ist zu tun? Dafür kann es keine allgemeingültige Antwort geben. Wenn meine Eifersucht zum Beispiel dadurch genährt wird, daß schon wieder die Kollegen ohne mich zur Kantine gegangen sind, dann ist dieses sicher nicht vergleichbar mit der Eifersucht, die ich fühle, wenn ich meinen Partner während einer Geschäftsreise im Hotel anrufen will und erfahre, daß er dort gar nicht abgestiegen ist. In beiden Fällen kann sich die Phantasie selbständig machen. Böse Gedanken kreisen im Kopf. Warum ist er nicht in diesem Hotel? Hat er in der Stadt eine Freundin? Ist er in einem anderen Hotel mit einer Frau abgestiegen? Warum hat er am Tag vor der Abreise so gute Laune gehabt? Über die Kollegen mag man denken: Was haben die gegen mich? Reden die über mich? Warum hat der Meier gestern mit dem Weber getuschelt? Was haben die vor? Wollen die mich anschwärzen?
Ist es Verfolgungswahn? Ist es berechtigte Eifersucht? Sollte man der Sache nachgehen? Schwer zu sagen.

Ob es sich um Neid, Gier, Eifersucht, negatives Denken, Angst, Depressionen oder Haß handelt, diese Befindlichkeiten sind immer fruchtbare Ärgerquellen. Manches läßt sich rational ergründen. Man könnte zum Beispiel dem Anlaß einer Eifersucht einmal konsequent nachgehen und die Wahrheit herausfinden. Anderes läßt sich durch Selbsterziehung und Wertefindung korrigieren. Wer von Gier zerfressen ist, kann sich fragen: Ist es das überhaupt wert? Mit manchem muß man sich arrangieren. Wer pausenlos Angst hat, der Partner oder die Kinder könnten verunglücken, muß irgendwann akzeptieren: Ich kann nur daran erinnern, daß Vorsicht angebracht ist. Der Rest ist Hoffnung. Manches muß eventuell therapeutisch behandelt werden. Das gilt für Depressionen, Verfolgungswahn oder für Übertreibungen bei den anderen Zuständen.

Das dürfen Sie niemals tun:
Nehmen Sie niemals Drogen (dazu gehören auch Alkohol, Schlaftabletten etc.), um den Ärger und die Sorgen zu betäuben. Der Ärger bleibt erhalten. Er wird sich immer wieder durch den Nebel des betäubten Bewußtseins hocharbeiten. Sie werden immer stärkere Dosierungen der Drogen anwenden müssen. Neben dem ursprünglichen Ärger züchten Sie auch noch den zusätzlichen durch Drogenmißbrauch: Geldnot, angeschlagene Gesundheit, Gefährdung der sozialen Stellung, Scham über Peinlichkeiten im Rausch...

Das ist wichtig für Sie:
Machen Sie sich selbst bewußt, woher Ihr Ärger kommt. Was ist es genau, das Ihren Ärger auslöst? Sprechen Sie mit anderen darüber. Finden Sie heraus, ob andere es auch so sehen. Vielleicht bilden Sie sich die Ursachen ein? Wenn Sie wissen, was Ihren Ärger auslöst, dann haben Sie gute Chancen, mit einer Anti-Ärger-Strategie sich selbst zu helfen. Über verschiedene Formen von Anti-Ärger-Strategien geht es in den späteren Kapiteln.

Hier ist eine Übung (»Kartoffelsack«), mit der Sie sich spontan entlasten und schnell einmal vom Ärger befreien können:

- Setzen Sie sich auf einen Stuhl. Stützen Sie die Ellenbogen auf den Oberschenkeln ab.
- Fühlen Sie, wie es auf Ihren Schultern lastet. Es drückt Sie nieder wie ein Sack voller Kartoffeln. Man hat Ihnen zu viel aufgepackt. Sie können und wollen es nicht mehr schleppen.
- Holen Sie tief Luft. Ziehen Sie die Schultern dabei hoch. Füllen Sie Ihren Körper mit Luft und Kraft.
- Stoßen Sie den Atem aus. Dabei lassen Sie mit einer schwungvollen Bewegung den Sack nach hinten von den Schultern plumpsen. Weg damit!
- Stehen Sie auf. Der Sack bleibt hinter Ihrem Stuhl zurück. Drehen Sie sich nicht um. Lassen Sie ihn liegen.
- Fühlen Sie, wie Sie aufrecht stehen. Auf den Schultern ist es leicht. Jeder Atemzug gibt neue Kraft.

Diese Übung können Sie auch am Arbeitsplatz immer einmal zwischendurch machen. Das merkt sicher keiner. Wenn es doch mal auffällt, so glauben die anderen, daß Sie sich kurz gereckt und aufgeatmet haben.
Eine Bekannte von mir macht eine ähnliche Übung täglich mehrmals. Sie nennt sie: »Nasser Hund«. Sie stellt sich vor, daß sie ein Hund ist, der gerade aus einem Bach oder Teich kommt. Er schüttelt sich, daß die Tropfen nur so fliegen. So macht es meine Bekannte auch. Sie holt tief Luft. Dann stößt sie den Atem mit Schwung aus und schleudert dabei mit einer Schüttelbewegung alles an Streß, Ärger oder Müdigkeit wie tausend Tropfen von sich. Sie sagt, daß sie sich dadurch mit der Zeit tatsächlich eine deutlich sichtbare aufrechtere Haltung angewöhnt hat. Auch ihre Nackenschmerzen treten immer seltener auf. Achten Sie auch darauf: Menschen mit verbiesterten Gesichtern ziehen oft beim Gehen die Schultern

leicht hoch und nach vorne. Der Volksmund kennt die Redewendung »gramgebeugt«. Man spricht auch davon, daß ein Mensch »bedrückt« ist. Das ist auch so. Sorgen, Ärger, negative Gefühle drücken uns nieder, wie es ein Kartoffelsack auf den Schultern tun würde. Die Körperhaltung (und auch die seelische Einstellung) paßt sich dem an.
Deshalb: Werfen Sie Ihren Ärger von den Schultern, und halten Sie sich ab sofort so gerade, daß sich eine Last dort gar nicht mehr festsetzen kann.

Ärger ist mein Job

Es gibt Berufe, die sind dazu da, sich mit dem Ärger anderer Leute zu befassen. Man denke nur an Polizeibeamte, die nach einem Einbruch oder sonstigen Verbrechen kommen müssen. Wer würde wohl die Polizei so anrufen: »Kommen Sie schnell! Uns geht es wunderbar!«
Tatsächlich geht es Polizisten oft so, daß sie am Tatort auf Menschen treffen, die ihre erste Wut und Aufregung an denen auslassen, die nur kommen, um ihnen zu helfen. Das kann sich dann so anhören: »Wo bleiben Sie so lange? Ich habe schon vor einer Stunde angerufen! Sie werden bezahlt, um uns Bürger zu beschützen! Und wo waren Sie jetzt?« Polizeibeamte sind natürlich geschult, mit Menschen umzugehen, die gerade unter Schock oder Ärger stehen oder als Opfer von Verbrechen völlig am Ende sind. Trotzdem muß es auf die Dauer auch manchmal ärgerlich sein, daß nie ein Dank zurückkommt. Mir hat einmal ein Polizist erzählt, daß eines Tages ein ganzes Blech Apfelkuchen auf die Wache geliefert wurde. Ein Briefchen lag dabei: »Vielen Dank für die schnelle Hilfe und auch Dank dafür, daß Sie soviel Verständ-

nis für unsere erste Aufregung hatten.« Von wem der Kuchen kam, haben die Beamten nie erfahren.

Haben Sie schon einmal mit Polizeibeamten darüber gesprochen, was es für sie bedeutet, als Prellbock benutzt zu werden, wenn Politiker die Probleme der Bürger nicht in den Griff bekommen? Wissen Sie, wie es einem Polizeibeamten geht, wenn er nach der Festnahme eines stadtbekannten Dealers noch mühsam seinen Bericht schreibt, während der Dealer bereits wieder mit neuer Ware unterwegs ist? Können Sie sich vorstellen, wie ein Polizist sich fühlt, wenn er an einer Autobahnbaustelle einen Wagen stoppt, der statt mit 80 mit 150 Stundenkilometern gerast ist, und der Fahrer steigt aus, bläst sich auf mit seiner Wichtigkeit als Manager eines Weltunternehmens und herrscht »den kleinen Beamten« an: »Wie heißen Sie? Wer ist Ihr Vorgesetzter? Das werden Sie bereuen!«?

Den Seufzer »Ärger ist mein Job«, hörte ich von einem Bekannten, der in einem Unternehmen für die Annahme von Reklamationen zuständig ist. Den ganzen Tag ist er damit beschäftigt, Beschwerden anzunehmen und den ersten Ärger der Menschen abzufangen, die Probleme haben mit den Produkten.

Wie verhalten Sie sich eigentlich bei Reklamationen? Denken Sie stets daran, daß die Person, mit der Sie sprechen, vielleicht selbst gar nichts für den Schaden kann? Mein Bekannter sagte mir, daß es sehr häufig vorkommt, daß die Menschen in ihrem Zorn ihn persönlich mit dem Unternehmen identifizieren und fürchterlich beschimpfen. Sollte er sich darüber ärgern? Er käme aus dem Ärger nicht mehr heraus. Er weiß, daß die Menschen, mit denen er zu tun hat, selber verärgert sind. Das ruft er sich immer wieder ins Gedächtnis: Sie meinen nicht mich persönlich.

Wie kann man sich verhalten, wenn man ungerecht behandelt wird? Wie kann man reagieren, wenn Menschen zu einem kommen, sich beklagen und ihren Ärger erst einmal loswerden müssen? So können Sie reagieren:

1. Aussprechen oder auch ausschimpfen lassen.
Der Gesprächspartner muß erst einmal alles loswerden, was sich in ihm aufgestaut hat. Verzichten Sie auf Widerworte, Gegenargumente oder Verteidigungsversuche. Lassen Sie den anderen sich »leersprechen«.

2. Verständnis für den Ärger zeigen.
Sie sollen Ihrem Gesprächspartner nicht etwa recht geben. Darum geht es jetzt nicht; die »Rechts-« oder »Gerechtigkeitsfrage« läßt sich (falls überhaupt nötig) später klären, wenn die Gemüter sich wieder abgekühlt haben. Zunächst geht es nur darum, dem anderen Menschen zu signalisieren: Du ärgerst dich. Ich kann mit dir fühlen. Ich habe Verständnis dafür, daß du im Moment zu aufgeregt bist, um mir gegenüber ruhig und sachlich zu bleiben.

Sie werden sehr bald merken, daß es auch Ihre Ärgergefühle abbaut, wenn Sie auf Empfindlichkeiten verzichten und einfach nur nett sind zu dem Menschen, der gerade innerlich kocht und somit weder seine Gefühle, noch seinen Gesprächston, noch sein Benehmen unter Kontrolle hat.

3. Die Situation durch Nachfragen sachlich klären.
Geben Sie dem anderen Menschen Gelegenheit, sich seines Ärgers zu entledigen. Nach einer gewissen Zeit bemerkt er, daß Sie sich anders verhalten, als er es normalerweise gewohnt ist. Sie haben eben nicht auch ärgerlich reagiert. Sie haben sich nicht aufgeblasen und auf Ihr »gutes Recht« bestanden, in »höflicher Form« angesprochen zu werden. Sie sind nicht vor Wut auch auf die Palme geklettert, um von dort es Ihrem Gegenüber »mit gleicher Münze heimzuzahlen«.

Sobald der andere sich ausgesprochen hat, erkundigen Sie sich ruhig und sachlich nach weiteren Einzelheiten des Tatbestands. Sie wollen mehr wissen. Sie fragen nach den genau-

en Umständen und Ursachen des Ärgers. Sie zeigen: Ihr Problem interessiert mich. Mit großem Interesse höre ich Ihnen zu. Ich will es ganz genau wissen.
Beobachten Sie den anderen. Sie werden feststellen, daß der andere auch ruhiger wird. Es wird ihm bewußt, wer hier eigentlich herumschreit und sich »daneben benimmt«. Er bemerkt auch, daß Sie keineswegs auf die »Kriegserklärung« eingegangen sind und sich zum Gegner in einem Kampf machen ließen. Nun kann sich ein sachliches Gespräch um den genauen Tatbestand anschließen.

4. Gemeinsam eine Problemlösung suchen.
Wenn der erste Ärger weggepustet ist und der andere gespürt hat, daß Sie auf Rechthaberei verzichten, dann ist es meistens möglich, in einem ruhigen Gespräch zu einer gemeinsamen Lösung des Problems zu kommen.
Dabei gilt:
1. Sie lassen sich nicht »über den Tisch ziehen«.
2. Sie versuchen nicht, den anderen für sein Fehlverhalten zu »bestrafen«.
3. Sie finden gemeinsam eine Lösung, bei der beide Parteien ein wenig nachgeben und mit der beide am Ende zufrieden sein können.

Es ist sehr wichtig, daß bei der Lösungsfindung nicht um den persönlichen »Sieg« gerungen wird. Verzichten Sie auf den Triumph »Dem habe ich es aber gegeben!« Das wäre nur wieder eine Quelle für spätere Rache und somit für neuen Ärger. Es sollte so ausgehen, daß Sie sich später (aber auch Ihr Gesprächspartner) an diesen Vorfall erinnern können, ohne gleich wieder negative Gefühle (Niederlage, noch »offene Rechnung«) aufsteigen zu spüren. Bei der Lösungsfindung können Sie sich zum Beispiel diese Frage vor Augen halten: Wie muß das Ergebnis sein, damit wir uns beide später beim Grüßen wieder ohne jeden Hintergedanken anlächeln mögen?

Sie werden nicht immer die Nerven behalten, um in solchen Situationen die Souveränität zu zeigen, die ich hier beschrieben habe. Versuchen Sie es trotzdem immer wieder. Sie werden feststellen, daß Sie im Lauf der Zeit weniger Ärger mit anderen Menschen haben, die gekommen sind, sich zu beschweren. Es liegt daran, daß Sie eine Ausstrahlung entwickeln, die anderen Menschen signalisiert:

> Ich bin weder Dein Feind,
> noch Dein Rivale.
> Ich bin großzügig genug,
> auch einmal darüber hinwegzusehen,
> daß Du Dich von Deinem Ärger mitreißen läßt.

3
Welcher Ärgertyp bin ich?

Das muß ich mir nicht bieten lassen!

Was den einen ärgert, läßt den anderen völlig kalt. Was der eine nicht bemerkt oder nicht beachtet, kann für den anderen eine tiefe »Ehrverletzung« sein.
Während meiner Tätigkeit als Software-Trainerin bei einem Datenbankhersteller saßen eines Tages mein Kollege, Herr Knöchelbein, und ich zusammen, um über unseren neuen Abteilungsleiter und seine möglichen Marotten zu spekulieren. Bei seiner Vorstellung hatte er einen netten und kompetenten Eindruck auf uns gemacht.
Nur wenige Tage später stürmte Herr Knöchelbein wutentbrannt ins Büro. »Das lasse ich mir nicht gefallen! Nicht mit mir!«
Es dauerte eine Weile, bis ich begriff, daß er sich über den neuen Abteilungsleiter ärgerte. Was hatte der ihm angetan? Nichts. Aber mein Kollege hatte etwas herausgefunden: »Der hat ja nicht mal Abitur! Wer weiß, was der überhaupt gelernt hat?! Da bekommt man hier womöglich einen zum Programmierer umgeschulten Totengräber vor die Nase gesetzt!«
Tagelang konnte Herr Knöchelbein sich nicht beruhigen. Immer wieder wies er auf sein hochqualifiziertes Studium mit

den erstklassigen Examina hin. Es war gegen sein »Ehrgefühl«, nun »unter« einem Chef ohne Abitur und Studium zu arbeiten. Da er seinen Ärger nicht verwinden und nicht verbergen konnte, wurde er nach kurzer Zeit – nicht zu seinem Vorteil – versetzt.

Es soll hier gar nicht über »gerecht« und »ungerecht« gesprochen werden. Was auch immer »objektiv richtig« sein mag, Realität ist auch, was ein Mensch subjektiv fühlt. Wenn Herr Knöchelbein seine Ehre verletzt sieht, weil man ihm »zumutet«, Mitarbeiter eines Vorgesetzten zu sein, der seiner Ansicht nach schlechter ausgebildet ist als er selbst, dann ist das für ihn eine Tatsache. Er ärgert sich und reagiert womöglich so, daß er sich selber schadet.

Das gleiche Phänomen gibt es in jeder Firma immer wieder, wenn zum Beispiel ein jüngerer Mitarbeiter zum Vorgesetzten eines älteren wird. Und noch immer gibt es Männer, die sich nur schwer daran gewöhnen können, eine Chefin zu haben. Ich habe einmal erlebt, daß es in einem Unternehmen fast zu einem Aufstand gekommen wäre, nur weil ein Ausländer Projektleiter wurde. Es ist leicht, sich über die Empörung der »rückständigen Piefkes« lustig zu machen. Für die jeweils Betroffenen ist der Ärger real.

Was können Sie tun, wenn Ihr Ärger darauf beruht, daß man Ihre »Ehre« verletzt hat?

1. Schreiben Sie auf, was genau der Anlaß ist.
2. Schreiben Sie einen Tag später auf, was Ihrer Meinung nach (von anderen) getan oder geändert werden müßte, um Ihre »Ehre« wiederherzustellen.
3. Lassen Sie das nun schriftlich fixierte Problem so lange »reifen« (in der Schublade ruhen), bis Sie sachlich und ohne innere oder äußere Erregung darüber nachdenken und darüber sprechen können. In der Zwischenzeit schieben Sie jeden Gedanken an das Thema aus Ihrem Bewußt-

sein. Vergessen ist ja nicht möglich. Sie haben es schließlich auf Papier festgehalten.
4. Sprechen Sie mit einer Person, die Ihre Situation beurteilen kann, über das Problem. Stellen Sie fest, ob diese Person die Sache so sieht, wie Sie es tun.
5. Wenn Ihnen bestätigt wird, daß Ihre »Ehre« tatsächlich verletzt wurde, dann bearbeiten Sie das Problem nach der später beschriebenen Anti-Ärger-Strategie.

Denken Sie daran, daß wir alle emotional sehr betroffen sind, wenn wir uns in unserer »Ehre« verletzt fühlen. Wenn wir glauben, daß andere uns nicht richtig nach unserem »Wert« beurteilen oder wenn wir glauben, von anderen lächerlich gemacht oder gedemütigt worden zu sein, sehen wir die Wirklichkeit oft sehr verzerrt. Der Ärger kann uns dann leicht dazu bringen, blindwütig vorzugehen. Rachsucht oder auch der Wunsch nach »Gerechtigkeit« mag uns veranlassen, unbedacht Menschen anzugreifen, die stärker sind als wir – und die uns Schaden zufügen können. Um die Folgeschäden nicht unter noch vergrößertem Ärger beheben oder mildern zu müssen, ist es wichtig, daß wir vor jeder Aktion innerlich wieder ruhig und souverän werden.

Bei Punkt 4 der eben beschriebenen Vorgehensweise kann uns die Aussprache mit einer Person unseres Vertrauens helfen, folgendes zu hinterfragen:

- Ist die Situation wirklich so, wie ich sie sehe?
- Sehe ich es vielleicht überspitzt?
- Bilde ich mir die »Ehrverletzung« nur ein?
- Beruht die »Ehrverletzung« auf einer veralteten oder auch falschen Einstellung von mir gegenüber anderen Menschen? (Ist es denn wirklich so, daß Menschen ohne Abitur, Frauen, Ausländer, jüngere Kollegen etc. »weniger wert« sind als ich?)

Denken Sie daran, daß speziell bei Punkt 4 eine Gefahr lauert: Wir tendieren leicht dazu, uns nicht mit den Menschen auszusprechen, die uns »die Augen öffnen« könnten, sondern mit jenen, bei denen wir davon ausgehen können, daß sie die gleiche Einstellung (die gleichen Vorurteile) haben wie wir selbst. Das ist ganz natürlich. Am liebsten bekommen wir bestätigt, daß wir alles völlig richtig sehen, und daß die anderen Menschen die Fehler machen. Im Klartext heißt das: Wir suchen Parteigänger. Der Volksmund sagt: »Gleich und gleich gesellt sich gern.« Im Managementjargon spricht man auch vom »Club der Versager«.

Wenn zum Beispiel ein Herr Knöchelbein sich zur Aussprache einen anderen Kollegen sucht, der ebenfalls wegen des neuen Chefs verbittert ist, dann werden die beiden sich sicher schnell einig, daß sie recht haben. Tatsächlich versteigen sie sich gemeinsam um so schneller in ihren sinnlosen Zorn. Sehr schnell werden sie als »Club der Versager« bekannt und sicherlich auch als Störer des Betriebsklimas identifiziert.

Deshalb: Bei Punkt 4 gehen Sie bewußt nicht zu einem Menschen, von dem Sie sowieso wissen, daß er Ihre Meinung teilt. Gehen Sie zu einem Menschen, von dem Sie eine unabhängige, vernünftige und auch ehrlich ausgesprochene Meinung erwarten können.

Es ist Mittagsruhe!

Wenn Sie Kinder haben oder sich noch gut an Ihre eigene Kindheit erinnern können, dann kennen Sie sicherlich sehr genau diese Nachbarn oder Hauswirte, die mit den Ohren an der Wand zu leben scheinen, einzig vom Interesse gejagt, sofort festzustellen, ob ein Kind zwischen zwölf und fünfzehn Uhr mit dem Ball gespielt oder die Tür zugeworfen hat. Sind keine

Kinder in der Nähe, horcht ein solcher Lauscher, ob jemand mittags den Rasen mäht, einen Nagel in die Wand schlägt oder ein Bad einlaufen läßt. Diese Menschen wissen, wann wir nachts heimgekommen sind und die Garagentür geöffnet haben, wann wir staubsaugen oder waschen, ob wir dieses Jahr bereits einmal eine Party bis nach Mitternacht gefeiert haben und ob Tante Hilda bei ihrem letzten Besuch vor dem Haus länger als drei Minuten im Halteverbot stand. Diese Menschen wissen nicht nur, wann wir etwas getan haben, sie können uns sogar die Gesetze nennen, nach denen wir uns strafbar gemacht haben. Auf Nachfrage kennen sie sogar einschlägige Fälle der Rechtssprechung mit Vergleichsurteilen.
Solche Nachbarn lernen Sie fast immer schon beim Einzug kennen. Sie machen Sie sofort darauf aufmerksam, daß der Umzugswagen nicht stehen darf, wo er steht, daß die Kommode den Bürgersteig widerrechtlich versperrt und daß Sie für alle Schäden im Hausflur haftbar gemacht werden, die durch den Möbeltransport entstehen. Noch am gleichen Tag teilen diese Menschen Ihnen mit, daß Ihr provisorisches Namensschild an der Klingel nicht dem vorgeschriebenen Standard entspricht und daß Sie noch immer nicht die Schmutzspuren der Möbelpacker von der Treppe gewischt haben.
Solche Nachbarn finden wir – mit Recht – ganz schrecklich. Das sind Prinzipienreiter, die pausenlos kontrollieren, ob andere auch brav das tun, was gesetzlich vorgeschrieben ist. Vielleicht tröstet es Sie zu wissen, daß derartige Nachbarn nicht nur Ärger verursachen, sondern auch selber pausenlos Ärger haben. Schauen Sie sich nur deren Gesichter an; achten Sie auf die erregte Stimme. Obwohl sie freiwillig den »Hausspitzel«/»Blockwart«/»Hilfspolizisten« spielen, sind sie damit selber auch nicht glücklich.
Da es offensichtlich viele von diesen aufmerksamen Leuten gibt, lohnt sich vielleicht auch einmal die Frage: »Gehöre ich

womöglich dazu?« Wenn dem so ist, dann sollten Sie etwas dagegen tun. Sie haben viel zu viel Ärger, wenn Sie pausenlos die »Fehltritte« anderer Menschen bemerken und dagegen vorgehen.

Sie sind vielleicht ein solch »aufmerksamer« Nachbar, wenn Sie

- stets wissen/sehen/hören, was andere tun, wie sie leben, wer sie besucht, wann sie aufstehen und wann sie ins Bett gehen, wie sie ihre Kinder erziehen, wann sie die Zimmer lüften und wo sie einkaufen…
- sich oft fragen: Darf die/der das?
- häufig feststellen, daß andere Menschen etwas tun, was diese nicht dürfen, was gesetzlich verboten, moralisch nicht zu vertreten oder vom Benehmen her ungehörig ist.

Fragen Sie sich, ob Sie

- Kinder, die im Treppenhaus spielen (Verboten!), wegschicken würden,
- sich an die Hausverwaltung wenden würden, wenn die Nachbarn über Ihnen ihre Blumenkästen außen an der Balkonbrüstung aufgehängt haben (Verboten laut Mietvertrag!),
- darauf achten, wer abends oder morgens sehr früh Flaschen in Glascontainer wirft,
- die Polizei rufen würden, wenn der Nachbar nackt im Garten liegt (Darf er nicht!),
- schriftlich festhalten würden, wann und wie laut welche Hunde der Umgebung während der Nächte oder der Mittagszeiten gebellt haben,
- einen Brief an die Behörde schreiben würden, wenn ein Polizist im Dienst mit Mütze unter dem Arm ein Eis schleckt (Darf der das?),
- sich beschweren würden, wenn der Schaffner im Zug einen Ohrring trägt (Darf der das?).

Wenn dies so ist, dann sind Sie ein nervlich arg strapazierter Mensch. Sie haben täglich mehr Ärger als andere. Versuchen Sie es mit der Anti-Ärger-Strategie.

Nackte Zwerge in Nachbars Garten

In unserer Kleinstadt gab es einmal einen Skandal. Ein Kunstlehrer des Gymnasiums war gestorben. Die Witwe wollte – dem Willen des Verstorbenen gemäß – eine seiner Statuen auf dem Grab aufstellen lassen. Nun war der Kunstlehrer jedoch Spezialist für nackte Damen in Marmor gewesen. Weder der Pfarrer, noch die Stadtverwaltung, noch die öffentliche Meinung konnten sich mit der Idee einer »nackten Frauensperson« auf dem Friedhof anfreunden. Der Fall wurde schnell geklärt. Auf dem Friedhof hatte die Venus nichts zu suchen. Nun jedoch kam die Witwe auf den Einfall, ihrem Mann statt dessen ein Denkmal im Vorgarten zu setzen. Sie ließ einen bismarckgerechten Sockel zwischen die Beete bauen und stellte die Nackte darauf.
Was jemand im eigenen Garten aufstellt, mag nicht allen gefallen. Muß man sich jedoch wirklich so ärgern, wie es die Nachbarn der Künstlerwitwe taten? Einer machte sogar geltend, er habe vor Ärger, daß nun alle seine Besucher an dieser peinlichen Statue vorbeigehen mußten, ein Magenleiden bekommen.
Haben Sie auch in der Zeitung über den Studienrat in der Eigentumswohnung gelesen, den der Ärger über die Gartenzwerge der Bewohner im Erdgeschoß bis zur Prozeßführung jagte? Er argumentierte, er könne es sich als Studienrat nicht »leisten«, in einem Haus zu leben, vor dem Gartenzwerge von Unkultur zeugten. Es sei auch für Fremde nicht sofort zu erkennen, daß die Figuren, die immerhin unmittelbar unter seinem Balkon standen, nicht ihm gehörten.

Lachen wir nicht über solche Studienräte. Ähnlichen Ärger gibt es überall zu verschiedensten Anlässen. Mein Kollege kann sich zum Beispiel fürchterlich »giften«, wenn andere Männer unserer Firma weiße Socken zu dunklen Anzügen tragen und in »diesem Aufzug« sogar Kundenbesuche machen. Natürlich könnte mein Kollege sich um seine eigenen Socken kümmern und darauf verzichten, andere Menschen überhaupt unterhalb der Knie zu beobachten. Nein, wie magisch angezogen muß er immer wieder dort hinsehen und sich ärgern.

Nicht viel anders war es mit einer Cousine von mir. Sie kam am Weißen Sonntag knirschend vor Wut von der Kirche zurück. Ihre Tochter feierte das Fest der Erstkommunion. Die Verwandten waren zu Kaffee und Kuchen geladen und brachten Geschenke mit. Es hätte für die ganze Familie ein Fest der Freude sein können. Für meine Cousine wurde der Tag aber schon am Morgen in der Kirche von Ärger überschattet. Wer hatte ihr etwas getan? Niemand. Sie hatte ihre Mitmenschen beobachtet und etwas zum Ärgern entdeckt: Die Mutter eines der anderen Kommunionkinder war an diesem Tag mit Jeans statt mit einem feinen Kleid zur Kirche gegangen. Meine Cousine regte sich noch an der Kaffeetafel darüber auf: »In diesem Aufzug hat sie ihre Tochter zum Altar geführt!«

Mir schüttete einmal eine Dame im Café ihr Herz aus. Sie lebe in einem Hochhaus und habe schrecklichen Ärger mit den Nachbarn. Diese Leute seien nicht mal bereit, sich ordentliche Gardinen an die Fenster zu hängen. Dabei seien sie nicht arm; sogar zwei Autos hätten sie. Aber Gardinen wollten sie nicht anbringen. Nun befinde sich ihr eigener Balkon direkt neben dem Schlafzimmerfenster der Nachbarn. Dadurch sei der Balkon für sie praktisch wertlos geworden. Sie könne dort nicht mehr in der Sonne sitzen. Vorbeigehende Spaziergänger müßten doch davon ausgehen, das »nackte« Fenster gehöre zu ihrer Wohnung. Diese Schande!

Wenn auch Sie häufig verärgert sind, weil andere Menschen ihr Leben nicht »richtig« führen oder »geschmacklos« sind oder sich »falsch« verhalten, dann können Sie zwar versuchen, Ihre Mitmenschen in Ihrem Sinn zu »erziehen« oder zu »bilden«; Sie werden sich damit jedoch zusätzlichen Ärger einhandeln, weil Sie mit solchen Mühen auch noch erfolglos sein werden.

Fragen Sie sich doch einmal:
1. Sind meinen hohen Standards an Kultur, Geschmack, Bildung, Modebewußtsein, bürgerlicher Korrektheit wirklich »alleinseligmachend«?
2. Könnte es sein, daß auch ich vielleicht nicht immer nach dem Geschmack anderer Leute aussehe/lebe/mich verhalte?
3. Welcher Schaden entsteht mir wirklich, wenn andere Menschen nach ihrem eigenem Stil leben, sich kleiden, sich einrichten, sich verhalten?
4. Was befähigt und berechtigt mich, für die Erziehung oder Bildung anderer Menschen zuständig zu sein?
5. Könnte es sein, daß mein eigenes Leben so grau und langweilig ist, daß ich ganz einfach zuviel Zeit habe und mich deshalb zu sehr mit anderen Menschen befasse, sie zu sehr beobachte, sie zu selbstgerecht be-/verurteile?

Das wäre vielleicht ein guter Vorsatz: Ich horche ab sofort nicht an fremden Türen, schaue nicht in fremde Gärten und gestehe jedem Menschen das Recht zu, nach eigener Façon selig zu werden.

Der Zorn des Mannes an der roten Ampel

Um es gleich zu Anfang zu sagen: Nicht nur Männer geraten in Kampfstimmung, wenn sie ihre Autos durch die Stadt fahren oder wenn sie auf der Autobahn überholt werden. Es muß auch gesagt sein, daß es sehr wohl Männer gibt, die niemals fluchend und fäusteschüttelnd am Lenkrad sitzen. Nicht wahr? Trotzdem ist auch das Tatsache: Viele Menschen – und nach meiner Beobachtung mehr Männer als Frauen – können sich fürchterlich ärgern, wenn sie am Steuer sitzen und erbost feststellen, daß die Ampeln nicht immer nur für die anderen Rot zeigen, daß die Vorfahrtschilder nicht immer nur auf der eigenen Straße stehen…

Meinem Arbeitskollegen geht es so. Er kann mir, wenn wir zusammen unterwegs sind, oft an Kreuzungen genau schildern, welcher Trottel oder Idiot sich an dieser Stelle vor einigen Wochen oder Monaten oder sogar Jahren völlig dusselig angestellt und angeblich den ganzen Verkehr aufgehalten hat. Das hört sich dann so an: »Ich kam von dieser Seite. Da kam der mit einem grünen Volvo so von links, und ich dachte noch, der biegt ab, aber da haut er plötzlich auf die Bremse…«

Sie können sich sicher vorstellen, wie brennend es mich interessiert, Verkehrssituationen solcher »Helden der Straßen« im Detail geschildert zu bekommen. Und ich frage mich wirklich oft, ob sich ein Mann solche alten Kamellen auch von einer Autofahrerin anhören würde.

Geht es Ihnen auch so, daß Sie im Straßenverkehr immer wieder der einzige sind, der vernünftig fährt, der an der grünen Ampel zügig von der Kreuzung kommt, der knappe Parkplätze sparsam ausnutzt, der in Autoschlangen jede Lücke richtig erkennt? Haben Sie auch öfter das Gefühl, daß Sie – wenn man Sie ließe – die Ampelschaltungen und Vorfahrtsregeln in Ihrer Stadt viel besser in den Griff bekämen? Wenn dem so ist, dann haben Sie sicherlich oft Ärger beim Autofahren.

Machen Sie sich klar:
1. Sie haben keine Chance, anderen Verkehrsteilnehmern »Vernunft« beizubringen. Lichthupe, Flüche, dichtes Auffahren, Fäusteschütteln und ähnliche »pädagogische« Maßnahmen sind völlig sinnlos. Die anderen Autofahrer kehren am Ende ihrer Fahrten genauso »vertrottelt« wieder heim, wie sie losgefahren sind. Ihre erzieherischen Absichten sind vergeudete Mühe.
2. In vielen Autos um Sie herum sitzen Menschen, die sich in Anbetracht Ihrer Fahrweise ebenfalls große Sorgen um Ihren Verstand machen. Ärgern Sie sich nicht über aggressives Auffahren, über Zeichen mit einem oder mehreren Fingern. Man versucht lediglich, Ihnen Nachhilfe im Autofahren zu geben.

Ich kenne diese Sorte!

Mancher ärgert sich grundsätzlich und prinzipiell. Da geht es nicht mehr um bestimmte Menschen oder Ereignisse, die den Zorn erregen, sondern ganz allgemein um Vorurteile. Derjenige, der sich ärgert, betrachtet seine Vorurteile natürlich nicht als solche, sondern ist fest überzeugt, ein Menschenkenner mit viel Erfahrung zu sein.
Ich saß einmal an einem sonnigen Nachmittag auf einer Parkbank. Neben mir saß ein älterer Herr. Eine Frau schob ihren Kinderwagen vorbei. Rechts und links von ihr hielten sich zwei kleine Kinder am Wagen fest.
»Das vierte hat die sicher auch schon wieder im Bauch«, stänkerte der Mann erbost. Dann hielt er mir einen Vortrag über »diese Schlampen«, die »pausenlos Kinder in die Welt setzen« und dann nicht das Geld haben, sie richtig aufzuziehen. Das seien alles zukünftige Asoziale. Die würden das Stehlen

doch schon beim Einkaufen mit der Mutter lernen. Der weitere Vortrag des Mannes bezog sich dann auf Beobachtungen von Müttern mit Kindern in Einkaufsmärkten, wo die Kleinen mit ihren Schmutzpfoten immer alles angrabschen müßten, und die dreisten Mütter würden die schmuddeligen Sachen dann nicht einmal kaufen, sondern den Kindern aus den Händen reißen und einfach wieder ins Regal stellen!

Das Gegenteil kenne ich auch. Da ich selbst keine Kinder habe, bin ich oft ein Ärgernis für andere Menschen. Die können sich dann über »solche egoistischen Karriereweiber mit falsch verstandener Emanzipation« bis zum Magengeschwür ereifern. Sie rechnen mir vor, wie ich meine Pflicht vernachlässige, zukünftige Rentenzahler in die Welt zu setzen und den Fortbestand der Nation zu sichern.

Speziell bei Männern, die sich selbst als »Frauenkenner« bezeichnen, drängt sich mir manchmal der Eindruck auf, daß es zu ihren regelmäßigen Geistesbeschäftigungen gehört, sich über Frauen zu ärgern. Das fängt bei der »Frau am Steuer« an, geht über die »böse Schwiegermutter« und endet bei den »doofen Tippsen« im Büro oder bei den »Manta-Miezen im Frisiersalon«. Individuen werden dabei nicht mehr unterschieden. »Diese Sorte kenne ich«, sagt der Mann und ärgert sich.

Umgekehrt ist es ähnlich. Zwar würden nur wenige Frauen so weit gehen, sich als »Männerkennerinnen« zu bezeichnen, aber unter Frauen gibt es immer wieder das verdrießliche Einverständnis: »Die Männer sind doch alle gleich!« Dieser Ausspruch ist fast nie bewundernd gemeint. Ob es nun der »Papa mit Trainingshose« auf offener Straße, der »hustende Alte« im Bett oder der »TV-Schnarcher« auf dem Sofa ist. Männer am Steuer werden ebenfalls zunehmend zur Ärgerquelle für Frauen, die selbstverständlich den besseren Fahrstil und prozentual die wenigsten Unfälle haben. Da gibt es die »Vertretertypen«, die beim Autofahren mit ihren Telefonattrappen am Ohr den fließenden Verkehr aufhalten, da gibt es die Lkw-Fahrer, die immer zu dicht auffahren, sich mit Bier und Pornos wachhalten und in jeder Raststätte gröhlend an den Spielautomaten stehen. »Wieder so einer«, sagt sich die Frau, wenn sie auf dem Parkplatz neben den Lkw-Reifen zwei Cowboystiefel und einen Urinstrahl sieht.

Die Ärgergrenze verläuft nicht nur zwischen den Geschlechtern. Sie kann zum Beispiel auch zwischen jenen verlaufen, die ein Auto haben, und denen, die keines haben, oder auch zwischen jenen, die noch im Berufsleben stehen, und solchen, die bereits Rente beziehen.

Einer meiner älteren Nachbarn sitzt seit Jahren täglich mit einem Kissen unter den Ellenbogen am Fenster. Soviel ich weiß, tut er keiner Fliege etwas zuleide. Trotzdem ärgert sich eine andere Nachbarin fürchterlich über diesen Mann. »Da sitzt er wieder, unser Blockwart und schreibt Falschparker auf«, zischt sie und fletscht die Zähne, wenn sie an »diese Sorte« nur denkt.

Ganze Berufszweige (»die Bullen«, »die Lehrer«, »die Putzen«, »die Tippsen«, »die Pfaffen«, »die Banker«...) oder Völker (»die Polen«, »die Bayern«, »die Ostfriesen«, »die Zonis«...) oder Altersgruppen (»die Rentner«, »die Jugend von heute«...) oder sonstige Zusammenfassungen (Kegelclubs, Pauschalurlauber, Katholiken, Parteibonzen...) werden zur Zielscheibe von Vorurteilen. Allein die Tatsache, daß diese Menschen existieren, reicht aus, daß manche sich über sie ärgern.

Wohl jeder Mensch gehört manchmal zu den »Opfern« und manchmal zu den »Tätern« dieser groben Pauschalierungen. Manchmal werden wir Zeugen, wenn andere sich über »diese Sorte« ärgern und sich entsprechend abfällig äußern. Dann sehen wir die Ungerechtigkeit der Vorurteile und ärgern uns auch.

Was können wir tun?

Grundsätzlich können wir daran wohl kaum etwas ändern. Meines Erachtens ist es für die persönliche Ärgerreduzierung effektiver, für sich selbst auf folgendes zu achten: Ich höre auf mit den Pauschalierungen und allgemeinen Zornausbrüchen über »diese Sorte«. Wenn ich mich ärgere, dann nur noch über ganz bestimmte Einzelmenschen, die mich ganz speziell geärgert haben.

Und das ist dann der Dank!

Als der Eiserne Vorhang zwischen Ost und West noch fest verschlossen war, gelang es unseren Nachbarn, dem Ehepaar Pischke, nach jahrelangen Bemühungen, eine Familie der Verwandtschaft aus der ehemaligen UdSSR nach Deutschland zu holen. Für unsere Kleinstadt war es ein großes Ereignis und wohl in vielen Häusern Tagesgespräch. Man malte sich aus, was es für die Menschen bedeutete, alles zurückzulassen und in Deutschland wieder neu anfangen zu müssen. Ebenso malte man sich aus, wie furchtbar das Leben in der UdSSR sein müßte. Die Kinder durften nicht religiös erzogen werden, es gab nicht genug Obst und Vitamine und jeder Nachbar konnte ein Spitzel sein. »Pischkes Verwandte«, wie man die Familie mit unbekanntem Namen nannte, würden mit zwei kleinen Kindern und einer schwerkranken Großmutter in unser Land kommen. Eine Welle der Hilfsbereitschaft ging durch die Stadt. Man sammelte Kleidung, Spielzeug für die Kinder, Möbel, eine komplette Einrichtung für die Küche und sogar einen gebrauchten Fernseher. Der Gemeindepfarrer fand einen reichen Geschäftsmann, der bereit war, für eine minimale Miete eines seiner Häuser mit Garten zur Verfügung zu stellen.
Als »Pischkes Verwandte« eintrafen, war alles fertig. Die Wohnung war eingerichtet und der Kühlschrank gefüllt. Die Kinderzimmer waren allerliebst mit bunten Tapeten und aufgereihten Stofftieren ausgestattet. Auf dem Wohnzimmertisch standen frische Blumen.

Gerührt wurde in der Stadt darüber gesprochen, wie glücklich die neuen Mitbürger gewesen seien, als sie zum erstenmal ihr neues Heim betreten hatten. Besonders die Großmutter habe Tränen in den Augen gehabt, als man ihr die gespendete Kaffeemaschine zeigte und sie erstmals seit vielen Jahren wieder richtigen Bohnenkaffee trinken konnte.

Die liebevolle Anteilnahme am Geschick dieser Familie hielt nicht lange an. Wie ein Lauffeuer sprach sich herum, daß »Pischkes Russen« (so wurden sie bald genannt) sich vom ersten Geld (»von unseren Steuergeldern bezahlte Eingliederungshilfe«) einen Farbfernseher mit Video gekauft hatten. Der geschenkte Schwarzweiß-Apparat war vom Sperrmüll abgeholt worden. Außerdem habe der Mann sich beklagt, daß man ihm von der Stadt keine Stelle als Busfahrer gegeben habe. Die angebotene Stelle als Mechaniker im Fuhrpark eines Reiseunternehmens habe er sich erlaubt abzulehnen. Er wolle – wie in Rußland – Busse fahren und nicht Busse waschen. Auch die Frau sei beleidigt, weil ihr im Krankenhaus nur eine Stelle als Pflegerin angeboten worden sei. Sie bestehe darauf, daß man ihr Examen als OP-Schwester in Deutschland anerkenne. Von der Großmutter wurde erzählt, daß sie zu Lasten »unserer Krankenkasse« sich neue Zähne, zwei neue Brillen und ein Stützkorsett zugelegt habe.

»Pischkes Russen« waren zu einem Ärgernis in der Kleinstadt geworden. Jede Schleife in den Zöpfen der Töchter wurde mißtrauisch beäugt, ob sie auch ja nicht von »unseren Steuergeldern« finanziert worden sei. Als schließlich bekannt wurde, daß »die Russen« die gebrauchte Wohnzimmereinrichtung auch dem Sperrmüll überlassen hatten, um Platz für neue Möbel zu schaffen, da war allen klar: Daß man ihnen so geholfen hat, haben die nicht verdient!

Diese Form des Ärgers gibt es in verschiedensten Varianten. Man hat anderen Menschen geholfen, und diese erweisen sich dann als »undankbar«. Das heißt: Sie verhalten sich anders, als sie es nach Meinung ihrer Wohltäter eigentlich tun müßten. Beispiele:

- Da schickt man Pakete an arme Familien in Polen (zu meiner Kindheit: Familien in der DDR), und prompt bekommt man eine lange Liste zurück mit sehr präzisen Anweisungen, welche Edeljeans, Adidas-Turnschuhe oder Schweizer Modeuhren man doch möglichst schnell auch noch schicken sollte.
- Da opfert eine Mutter sich für ihren Sohn auf, und der heiratet trotzdem ein Frau, die ihn niemals so lieben und versorgen wird, wie es nur eine Mutter kann.
- Da besorgt man einem verzweifelten Arbeitslosen einen neuen Job, und der beklagt sich nach kurzer Zeit, daß er nun jeden Tag fast eine Stunde mit der U-Bahn fahren muß.

Ist Ihnen das auch schon passiert, daß Sie sich für andere Menschen »ein Bein ausgerissen« haben, und dann bekommen Sie keinen Dank zurück, sondern womöglich auch noch unverschämte Forderungen oder Klagen? Überlegen Sie einmal:

1. Wann und bei wem ist mir diese Undankbarkeit begegnet?
2. Was hat mich zum Helfen veranlaßt?
   - Wurde ich vom Betroffenen gebeten?
   - Wurde ich von einem »Vermittler« gebeten?
   - Habe ich ungefragt geholfen? (Habe ich meine Hilfe vielleicht sogar aufgedrängt?)
3. Wie müßte sich der Mensch, dem ich geholfen habe, verhalten, damit ich mich nicht (mehr) über ihn ärgere?
4. Ganz ehrlich: Könnte eines dieser Motive meiner Freude am Helfen zugrunde liegen?
   - »Geben ist seliger denn Nehmen.« Es macht nämlich mehr Spaß, »Bitte schön« zu sagen und »Vielen Dank« zu hören als umgekehrt.

- Es schmeichelt der Eitelkeit, die Mittel (Macht, Geld, Einfluß, Wissen etc.) zu haben, anderen »aus der Patsche« helfen zu können.
- Helfen verursacht ein Gefühl der Überlegenheit demjenigen gegenüber, der um Hilfe bitten muß.
- Helfen ist eine Form der Machtausübung: Zum einen kann Hilfe gnädig gewährt oder nach Belieben verweigert werden. Zum anderen kann man durch Helfen in das Leben anderer eingreifen und Einfluß ausüben.
- Helfen ist »ein gutes Werk«. Man kann sich schmeicheln, ein »guter Mensch« zu sein.

Wenn es Ihnen öfter passiert, daß andere Menschen sich als undankbar erweisen, dann können Sie sich den Ärger in Zukunft ersparen. Nehmen Sie sich vielleicht einmal diese Vorsätze zu Herzen:

1. Ich dränge anderen Menschen meine Hilfe nicht mehr ungefragt auf. Ich helfe frühestens, wenn ich konkret gebeten werde.
2. Ich verzichte darauf, durch Helfen das Leben von anderen Menschen zu beeinflussen. Ich will keine Machtansprüche aus meiner Hilfe ableiten.
3. Wenn ich jemandem helfe, dann genieße ich für mich bewußt das Vergnügen, ein »Wohltäter« zu sein. Mit diesem Vergnügen sind alle »Dankbarkeitsansprüche« abgegolten.
4. Ich kontrolliere ab sofort nie wieder, ob meine Hilfe »richtig genutzt« wurde und ob sich die Menschen meiner Hilfe als »würdig« erwiesen haben.
5. Bei jeder Hilfe, die ich leisten will, mache ich mir bewußt, ob ich dafür Dank (oder ein bestimmtes Verhalten des anderen) erwarte. Wenn dem so ist, dann sage ich das dem Betroffenen. Damit ist meine »gute Tat« keine Hilfe mehr, sondern ein Handel mit »Leistung« und »Gegenleistung«.

Solange du die Füße unter meinen Tisch...

Dieser Spruch wird so oft ironisch zitiert, daß man sich gar nicht mehr vorstellen kann, daß es immer noch Väter/Mütter geben soll, die wirklich eine solche Einstellung ihren Kindern gegenüber vertreten.

Ich habe es in der Familie eines Bekannten folgendermaßen erlebt: Die Eltern meines Bekannten hatten sich in jungen Ehejahren nichts gegönnt, jeden Pfennig beiseitegelegt, und beide hatten in ihren jeweiligen Berufen jede nur mögliche Überstunde gemacht. Als das Startkapital zusammen war, kauften sie ein Grundstück und bauten darauf ein Haus. Ihre freie Zeit verbrachten sie auf der Baustelle. Wo immer sie durch Eigenleistung einen Handwerker einsparen konnten, arbeiteten sie nach Feierabend selbst.

Als ich diesen Bekannten kennenlernte, lebten nur noch seine Eltern im Eigenheim mit Garten und Terrasse. Das Haus war der ganze Stolz des Vaters. Mir fiel gleich beim ersten gemeinsamen Kaffeetrinken auf, daß dieser stets von »seinem« Haus sprach und wahrscheinlich schon längst nicht mehr daran dachte, daß auch noch ein zweiter für dieses Haus bezahlt und daran gearbeitet hatte: seine Frau. Wie diese sich über ihren Mann, den »Hausherrn« oder »Herrn des Hauses« ärgerte, soll an dieser Stelle gar nicht beschrieben werden.

Mein Bekannter hatte einen älteren Bruder. Edmund war verheiratet und hatte bereits zwei kleine Kinder. Da Edmund als ältester Sohn das Haus ohnehin einmal erben sollte, war es nur vernünftig, daß er mit seiner Familie nach einem Ausbau des oberen Stockwerks dort einzog.

Schreckliche Kämpfe zwischen der oberen und unteren Partei fanden nun statt – in erster Linie zwischen dem »Herrn des Hauses« und der Schwiegertochter. Die Schwiegertochter betrachtete die obere Etage als ihre eigene Wohnung. Sie konnte sich nicht damit abfinden, daß der »Hausherr« in »seinem«

Haus das Recht für sich in Anspruch nahm, herumzulaufen und Räume zu betreten, wie es ihm beliebte. Es konnte passieren, daß sie mit den Kindern vom Einkaufen kam, und in ihrer Küche saß der Schwiegervater am Tisch und blätterte in ihrer Illustrierten. Wenn sie sich darüber ärgerte und entsprechend reagierte, wurde auch der Schwiegervater zornig. Er fühlte sich im Recht und fand es unerhört, daß eine »fremde Frau« ihm in »seinem eigenen Haus Vorschriften machen« wollte.

Einen vergleichbaren Fall gab es auch einmal in meiner Verwandtschaft. Eine verwitwete Cousine von mir lebte als Bäuerin mit ihrem Sohn auf dem Erbhof der Familie. Nun ergab es sich, daß der Sohn »heiraten mußte«. In der ländlich-katholischen Umgebung galt das damals als furchtbare Schande. Noch nie hatte es das in der Familie gegeben! Nun mußte der Sohn »so eine« heiraten!

Die Mutter mußte sich wohl oder übel damit abfinden. Sie ließ die Verlobte des Sohnes eines Tages zu Besuch kommen. Sie soll ihr eine Rede gehalten haben über Zucht, Ordnung, Sitte und Moral. Schließlich ließ sie die junge Frau gnädig wissen, daß sie ihr »verzeihen« und sie »trotzdem« als Schwiegertochter in ihrem Haus aufnehmen werde. Man kann sich vorstellen, wie der Ärger an der jungen Frau genagt haben muß.

Bei der Hochzeitsfeier wurde ich Zeugin der Rache. Die Braut stand während der Kaffeetafel (mehr als zweihundert Personen inklusive ländlicher Prominenz waren anwesend) plötzlich auf, klopfte mit der Kuchengabel gegen die Tasse und hielt eine Ansprache. Zunächst handelte es sich um eine theoretische Ausführung zu den Themen »Heuchelei«, »Hochmut« und »Eifersucht«. Danach wurde anschaulich das Elend einsamer alter Menschen am Ende ihres Lebens in den teuren Mehrbettzimmern der Pflegeheime geschildert. Und dann versprach die junge Frau, daß sie selbst das Opfer auf

sich nehmen werde, eine alte Schwiegermutter im Hause zu dulden und später auch zu pflegen. Dazu sei natürlich erforderlich, daß die Schwiegermutter sich rechtzeitig in ihren Haushalt »einfüge«.
Ganz ohne Ärger und Rangkämpfe ging es trotz dieser Rede auf dem Bauernhof während der ersten Jahre nicht zu. Beide Frauen sollen noch eine Weile um ihre »Machtposition« gekämpft haben. Natürlich hat auch hier letztlich die jüngere Generation »gewonnen«.
Man kennt solche Machtkämpfe aber auch im Zusammenhang mit dem Generationswechsel in Firmen, wenn der Gründer alt wird, oder in Adelshäusern, wenn der alte Herrscher nicht abtreten will... Wir kennen das auch im eigenen beruflichen Alltag. Spätestens, wenn man den vierzigsten Geburtstag hinter sich hat, bemerkt man hier und dort, mehr oder weniger ärgerlich, daß »die jungen Leute« einem ganz schön naseweis kommen können. Plötzlich wird einer höher befördert als man selbst, dabei ist der andere etliche Jahre jünger... Und schon ärgert es uns, daß man »Erfahrungen« nicht mehr schätzt, daß überall »die jungen Spinner« vorgezogen werden...
Wenn Sie gerade in letzter Zeit häufiger Ärger gehabt haben, weil Sie von jüngeren Menschen in Ihren »Rechten« oder »Machtbereichen« eingeschränkt oder angegriffen wurden, dann wird es Ihnen wahrscheinlich kein Trost sein, daran zu denken, daß die heute jungen Menschen in einigen Jahren den gleichen Ärger haben werden. Denken Sie an sich selbst. Machen Sie ruhig einmal eine Rückschau oder eine »Bestandsaufnahme«. Sie können sich zum Beispiel diese Fragen stellen:

1. Wie war es für mich damals mit »den Alten«? Habe ich mich damals über sie geärgert, weil sie mir als »jungem und unerfahrenem Schnösel« keine »Chance« geben wollten?

2. Was waren damals meine Pläne für mein Leben? Und was habe ich davon erreicht? Worauf kann ich heute besonders stolz sein?
3. Wie offen und ehrlich stehe ich eigentlich der Gewißheit gegenüber, daß ich älter werde?
4. Was muß ich denn wirklich für mich bis an mein Sterbebett verteidigen? Was kann ich getrost den jüngeren Menschen vorher an Aufgaben und Verantwortungen überlassen?
5. Welcher Kampf um welche Dinge lohnt den Ärger und die Unstimmigkeiten zwischen Mitgliedern der Familie, zwischen Kollegen oder Nachbarn…?

Auch das kann Ihnen helfen: Sprechen Sie mit Menschen in vergleichbaren Situationen. Streit zwischen Generationen ist so häufig und so typisch, daß Sie ganz bestimmt Gesprächspartner finden, mit denen Sie sich austauschen können. Es wäre natürlich nicht gerade aufbauend, sich dem »Club der verbiesterten Greise« anzuschließen, die nur noch feststellen, daß »die Jugend von heute« viel schrecklicher ist als alles, was es bisher auf Erden gegeben hat.

Ich bin eine Niete

Meine Freundin, eine damals soeben arbeitslos gewordene Kunsttherapeutin, besuchte mich, um ihren Ärger loszuwerden. Sie hatte an einem Klassentreffen ihres Abiturjahrgangs teilgenommen.
»Du kannst dir nicht vorstellen, was für spießige Tanten das geworden sind!« Meine Freundin ließ sich aus über die »protzigen« Wagen der ehemaligen Klassenkameradinnen, über die perfekten Frisuren, die hypermodernen Kleider… »Und das Geprahle! Alle hatten nur Karriere und Geld im Kopf«, beklagte sich meine Freundin.

Vor meinem geistigen Auge entstand das Bild eines Kreises attraktiver und erfolgreicher Frauen. So war es auch, und das ärgerte meine Freundin. Sie glaubte, nicht »mithalten« zu können bei all diesen ehemaligen Mitschülerinnen, die ihren Weg gemacht hatten mit Berufen, Aufstieg und finanzieller Sicherheit.
Als meine Freundin zwei Jahre später wieder vom Klassentreffen kam, hatte sie sich überhaupt nicht geärgert. Im Gegenteil. Sie berichtete von anregenden Gesprächen, interessanten Lebensgeschichten… Was war anders geworden? Bei den »spießigen Tanten« des ersten Klassentreffens hatte sich nichts geändert. Aber meine Freundin hatte sich in der Zwischenzeit mit einer eigenen Praxis selbständig gemacht und war bereits »gut im Geschäft« mit vielen Klienten.
Worauf hatte ihr Ärger beim ersten Klassentreffen beruht? Niemand war ihr zu nahe getreten. Keine der Frauen hatte sie verärgert. Meine Freundin hatte sich mit den anderen Frauen verglichen und dabei festgestellt, daß sie dabei zu schlecht abschnitt. Sie hatte damals weder Karriere noch anderen Erfolg vorzuweisen gehabt. Teure Kleidung und ein protziges Auto waren für sie als Arbeitslose unerreichbar gewesen. Innerlich hatte sie gefühlt: Die anderen sind besser dran als ich. Die haben mehr erreicht. Die hatten im Leben mehr Glück als ich. – Und das hat meine Freundin geärgert.
Ähnlich erging es einem Bekannten von mir, dem plötzlich ein neuer Vorgesetzter »vor die Nase gesetzt« wurde. Obwohl der Mann seinen Ärger heftig abstritt und eifrig beteuerte, es gehe ihm nur um die fachliche Kompetenz – von der er selbst mehr zu haben glaubte –, war ihm doch anzumerken, daß es genau vier Aspekte waren, die ihn speziell verärgerten: Der neue Vorgesetzte war einige Jahre jünger als er selbst, hatte keinen akademischen Titel, war »Gastarbeiter der zweiten Generation« und außerdem eine Frau.

Nein, auf keinen Fall war er Rassist oder Sexist, auch glaube er nicht, daß ein akademischer Titel geistige Überlegenheit garantiere... Hätte man diesem Bekannten aber einen deutschen Mann, ein paar Jahre älter und mit Dr. vor dem Namen »vor die Nase gesetzt«, dann hätte er sich wohl erheblich weniger geärgert. Es wäre ihm erklärlicher gewesen, warum die andere Person Chef geworden ist und nicht er selbst.

Diese Fragen gehen uns im Lauf unseres Lebens immer wieder durch den Kopf:

- Was haben die anderen erreicht? Ist es mehr als ich erreicht habe?
- Was hat die anderen befähigt, ihre Erfolge zu erzielen? Haben oder können sie etwas, was ich nicht habe oder kann?
- Welche Chancen habe ich, andere in ihren Erfolgen einzuholen?

Für manche Menschen ist das Leben fast wie ein ständiger Wettkampf im Vergleich mit ihren Mitmenschen. Manchmal tragen sie einen »Sieg« davon (das eigene Auto ist größer als das vom Nachbarn; die Noten der eigenen Kinder sind besser als die von anderen Kindern...), manchmal ärgern sie sich über »Niederlagen«, wie meine Freundin, die sich beim Klassentreffen von den anderen »abgehängt« fühlte.

Ich habe den Eindruck, daß diese Form des Ärgers besonders typisch ist für Menschen, die in sich eine Unzufriedenheit tragen. Im Grunde wissen sie gar nicht genau, was sie persönlich vom Leben wirklich wollen, welche Ziele sie anstreben möchten. Statt dessen beobachten sie ständig ihre Mitmenschen und sehen dort etwas, was auch sie gerne hätten. Aber sie haben es nicht, und das ärgert sie. Natürlich können sie sich und anderen nicht eingestehen, daß sie sich über die Erfolge anderer ärgern. Statt dessen finden sie die anderen Menschen dann zum Beispiel »spießig« oder »protzig« oder »arrogant«. Und das ärgert sie zusätzlich.

Am besten, man macht alles selbst

Haben Sie auch soviel Ärger mit Ihren Mitarbeitern? Wenn Sie keine Mitarbeiter haben, dann sind Sie gut dran. Sie haben vielleicht Ärger mit dem Chef, aber das gehört zum normalen Berufsleben. Bei manchen Chefs drängt sich förmlich der Eindruck auf, daß sie überhaupt nur existieren, um die Leute von der Arbeit abzuhalten, zu schikanieren, zu ärgern.

Sollten Sie jedoch selber Chef sein, dann sieht das alles völlig anders aus. Dann ist Ihnen sicherlich auch schon durch den Kopf gegangen, daß man sich auf »Personal« nicht verlassen kann, daß niemand mehr zuverlässig arbeitet oder bei der Arbeit gar mitdenkt.

Ich war einige Jahre lang Schulungsleiterin bei einer Unternehmensberatung. Neben den Trainern, dem Assistenten und der PC-Spezialistin gehörten auch zwei Sekretärinnen zu meiner Abteilung. Die eine kam jeden Morgen gut gelaunt ins Büro, »schmiß« die Arbeit, als habe sie acht rechte Hände und verließ abends fröhlich grüßend das Unternehmen. Eines bat sie sich jedoch nach wenigen Wochen in meiner Abteilung aus: »Ich arbeite nicht mit der Meierhof (ihre Kollegin) zusammen. Basta.« Meine Versuche, für ein nettes Klima zwischen den beiden Sekretärinnen zu sorgen, waren vergeblich und wohl auch nicht recht überzeugend.

Frau Meierhof war ein Phänomen und für buchstäblich alle, die mit ihr zu tun hatten, nach kurzer Zeit eine solide Ärgerquelle. Es sollen hier nur Beispiele erwähnt werden:

Ich kam eines Tages von einem Kundenbesuch zurück ins Büro. Frau Meierhof teilte mir mit: »Da hat einer für Sie angerufen.«

»Wer?«

»Weiß ich nicht. Aber es war eine Männerstimme.«

»Was wollte er?«

»Sie sollen zurückrufen.«

»Haben Sie die Nummer?«
»Die hat er mir nicht genannt. Er sagte, Sie hätten die.«
Verstehen Sie, daß ich lange Zeit glaubte, Frau Meierhof ärgere mich vorsätzlich? Ich konnte mir einfach nicht vorstellen, daß eine ausgebildete Sekretärin im Alter von 23 Jahren so dusselig sein konnte.
Ein anderes Mal bat ich sie, mir den Besprechungsraum für einen Kundenbesuch vorzubereiten. Ich bat um Kaffee für vier Personen. Zum Glück schaute ich kurz vor der Ankunft meiner Besucher noch einmal in den Raum. Mitten auf dem Tisch stand eine einsame Thermoskanne, halb gefüllt (die Kanne hätte acht Tassen fassen können, aber ich hatte ja nur für vier Personen bestellt). Da ich zu wütend war, bat ich die Kollegin, Frau Meierhof zu erklären, daß »Kaffee für vier Personen« meint: Eine volle Thermoskanne, vier Tassen, Löffelchen und Untertassen, Zuckerdose, Milchtöpfchen und ein Teller mit Plätzchen. Frau Meierhof schrieb sich das sogar auf. Es funktionierte etliche Male. Dann kam der Tag, an dem ich ahnungslos Besucher in den von Frau Meierhof vorbereiteten Besprechungsraum führte und dort feststellte, daß um den korrekt gedeckten Tisch keine Stühle standen. Sie hatte ja nur den Auftrag bekommen, für Kaffee zu sorgen...
»Das macht die mit Absicht«, sagte ich verärgert zu der anderen Sekretärin – bis ich begriff, was um mich herum alle bereits bemerkt hatten: Frau Meierhof konnte nichts dafür. Es war nicht sinnvoll, ihr zu sagen, sie solle nach einer Seminarpause den Aufenthaltsraum der Teilnehmer aufräumen; sie hätte nicht gewußt, was sie konkret tun sollte. Es blieb daher nichts anderes übrig, als für Frau Meierhof eine ausführliche Tätigkeitsliste zu erstellen. Ähnliche Listen wurden ausgearbeitet für die Vorgehensweise bei der Bearbeitung der Eingangspost, bei der Bearbeitung von Seminaranmeldungen, bei der Nachbestellung von Büromaterial... Natürlich ärgerte

sich Frau Meierhof, daß sie solche Listen bekam, während die Kollegin selbständig arbeiten »durfte«.

In der ersten Zeit hatte ich leider oft den Fehler gemacht, schnell selbst die Dinge zu erledigen, die Frau Meierhof hätte tun sollen. Es ihr zu erklären, dann zu kontrollieren, ob sie es gemacht hat und auch richtig gemacht hat, hätte mir viel zu lange gedauert. Als mich mein Chef eines Tages fragte: »Sind Sie jetzt die Sekretärin Ihrer Sekretärin?«, da ärgerte ich mich sehr. Was konnte ich tun?

Zunächst sprach ich mit Frau Meierhof. Ich teilte ihr mit, daß ich mir oft nicht vorstellen konnte, daß sie wirklich so »hilflos« (die Kollegin nannte sie »strohdumm«) sein sollte. Frau Meierhof versprach Besserung und äußerte den Wunsch, mehr Selbständigkeit und Verantwortung zu erhalten. Nach Monaten des Ärgers auf beiden Seiten wechselte sie in eine andere Abteilung. Dort sorgte ihr neuer Chef nach vergeblichen Bemühungen um sie dafür, daß sie mit Privatkopien am Kopierer erwischt wurde: fristlose Kündigung.

Auch, wenn es mich »beruhigte«, daß es nicht nur mein Versagen war, in dieser Frau keinen Intelligenzfunken zünden zu können, fragte ich mich: Wenn ich noch einmal einen solchen Ärger mit der »Dummheit« oder »Unzuverlässigkeit« von Mitarbeitern habe, was kann ich dann tun? Ich gehe seither so vor:

1. Ich mache meinen Mitarbeitern klar, welche Arbeitsergebnisse ich von ihnen erwarte.
2. Ich prüfe, ob die Mitarbeiter die Ergebnisse bringen, die ich haben will.

   Wenn ja: Ich lasse die Mitarbeiter selbst entscheiden, wie sie zu den Ergebnissen kommen.

   Wenn nein: Ich spreche mit den Mitarbeitern über die Gründe und versuche, gemeinsam einen erfolgversprechenden Lösungsweg zu finden.
3. Ich achte sehr genau darauf, daß ich niemals die Arbeit selber mache, für die ich Mitarbeiter eingestellt habe.

4. Ich lasse nicht zu, daß fleißige Kollegen sich dafür hergeben, aus »Kollegialität« für die »Faulpelze« mitzuarbeiten.
5. Ich teile meinen Mitarbeitern stets mit, wie ich ihre Arbeit beurteile. Ich lobe, was gut ist, und sage, was ich nicht gut finde.
6. Ich achte bei mir selbst darauf, daß ich Mitarbeiter nicht kritisiere, wenn sie Fehler machen, weil sie zum Beispiel mit neuen Ideen experimentiert haben. Das wäre das Ende der Kreativität!

Denken Sie auch daran:
- Sie können von Ihren Mitarbeitern weder Mitdenken noch Engagement erwarten, wenn diese nicht ganz genau wissen, was von ihnen erwartet wird.
- Sie können von Ihren Mitarbeitern keine Eigeninitiative verlangen, wenn aufgrund von Mißerfolgen Tadel droht. Wer nichts tut, macht nichts falsch. Wer nichts falsch macht, wird nicht bestraft. – Sollte dies das Motto Ihrer Mitarbeiter sein?

Wenn Sie mit einem bestimmten Menschen sehr viel Ärger haben, sollten Sie diese Person erst dann zu einem offenen Gespräch bitten, wenn Sie selbst im Moment innerlich gelassen sind. Machen Sie im Gespräch klar:
- »Das habe ich von Ihnen erwartet...«
- »So ist es jedoch tatsächlich mit Ihrer Leistung/Ihrem Verhalten...«

Geben Sie dem Mitarbeiter die Gelegenheit zu erklären, wie er die Angelegenheit selber sieht. Oft kommt es durch ein solches Gespräch überhaupt erst ans Tageslicht, wo die Mißverständnisse lagen.

Bei häufigem Ärger mit Mitarbeitern sollten Sie unbedingt auch einmal mit einer Person Ihres Vertrauens sprechen. Vielleicht sehen andere Menschen das Problem von einer ganz anderen Seite und können Ihnen sagen, wo Sie sich eventuell irren.

Ich erinnere mich an einen ehemaligen Vorgesetzten. Der Mann ärgerte sich über das »mangelnde Engagement« seines Teams schrecklich. Er saß oft bis spät in die Nacht im Büro und nahm sich noch Akten mit nach Hause. Uns, seinen Mitarbeitern, unterstellte er »Beamtenmentalität«, wenn wir abends gingen und ihn »mit der Arbeit sitzen ließen«.

Nun, die Situation war diese: Wir waren alle recht jung. Einige waren frisch verliebt oder verlobt, einige hatten bereits Kinder. Es gab Kollegen, die mit Hausbauen beschäftigt waren, andere trieben Sport… Unser Chef war geschieden und lebte mit seinem Haß auf alle Frauen allein in einer kleinen Wohnung; nicht einmal ein Hund wartete auf seine Heimkehr. Außerdem war er am Umsatz der Abteilung prozentual beteiligt. Durch die Scheidung hoch verschuldet, kam ihm jede Zusatzprämie nur recht. Daß er dadurch eine völlig andere Einstellung zur Arbeit hatte als wir, mußte ihm erst einmal jemand erklären.

Vergleichbare Probleme gibt es recht häufig auch zwischen selbständigen Handwerkern oder Geschäftsleuten und ihren Angestellten. Fragen Sie sich: Habe ich Ärger mit meinen Angestellten? Oder bin ich der Grund für deren Ärger.

Welcher Ärgertyp bin ich?

Was den einen ärgert, läßt den andern völlig kalt. Probieren Sie es aus: Lehnen Sie sich einmal in Anwesenheit des Besitzers leicht an ein Auto. Manche Autobesitzer achten gar nicht darauf, andere werden zu Hyänen. Sie werden feststellen, daß das Ausmaß an Ärger keineswegs von Größe oder Neuwert des jeweiligen Wagens abhängt. Es hat somit nichts mit dem Auto zu tun, sondern mit dem Besitzer.

Sie haben in den vorangegangenen Kapiteln etliche Beispiele kennengelernt. Bei einigen haben Sie vielleicht gedacht: Das ist doch Unsinn. Über so was ärgert man sich doch nicht. Bei anderen Beispielen fanden Sie es vielleicht völlig berechtigt, aus der Haut zu fahren.

Wenn Sie sich vorgenommen haben, sich in Zukunft weniger zu ärgern, dann ist es zunächst wichtig, daß Sie für sich selbst feststellen, welcher Ärgertyp Sie eigentlich sind. Er wird definiert durch diese drei Aspekte:

1. *Was* ärgert mich?
2. *Wo* ärgere ich mich?
3. *Wie* ärgere ich mich?

Nehmen Sie drei leere Zettel. Schreiben Sie nun auf jeden der Zettel als Überschrift jeweils eine der drei Fragen. Dann befestigen Sie die Zettel an einer Pinwand oder an drei Türen in Ihrer Wohnung. Im Lauf der nächsten Tage werden Sie die Zettel immer wieder vor Augen haben und dadurch angeregt, sich selbst zu beobachten. Ihnen werden die unterschiedlichsten Gedanken zu den drei Fragen einfallen. Notieren Sie stets sofort Ihre Ideen und Beobachtungen. Sammeln Sie soviel an Erkenntnissen über Ihren Ärgertyp, wie Sie nur können. Je mehr Sie über sich selbst wissen, desto leichter wird es Ihnen fallen, später mit Ihrer Anti-Ärger-Strategie erfolgreich zu sein.

Als Anregung sollen hier ein paar Stichworte und Hinweise zu den drei Fragen folgen.

1. Was ärgert mich?

☐ Fühle ich mich oft in meiner Ehre gekränkt? Kann es sein, daß ich mich nicht respektiert fühle?

☐ Bin ich von Menschen umgeben, die mich durch ihren Mangel an Rücksicht oder ihr Verhalten ständig in der Ruhe stören oder auf andere Art belästigen?

- Kommt es mir so vor, als ob die Menschen in der heutigen Zeit immer weniger gutes Benehmen und Geschmack zeigen und gar nicht mehr wissen, was sich gehört und was nicht?
- Scheint es mir so zu sein, daß andere Autofahrer immer aggressiver werden und daß die Dusseligen zunehmend auch Autos kaufen und die Straßen verstopfen? Werde ich oft im Autoverkehr durch die Dummheit oder Bösartigkeit anderer Autofahrer behindert?
- Fällt mir auf, daß bestimmte Personengruppen für die Allgemeinheit ganz besonders lästig sind? (Beispiele: Lehrer, die auf jeder Party zu laut reden; Rentner, die immer kurz vor Ladenschluß einkaufen; Ausländer, die mit ihren viel zu großen Autos Parkplätze verstellen; Beamte, die immer schläfriger und Frauen, die immer egoistischer werden...)
- Passiert es mir häufig, daß Menschen meine Güte ausnutzen und später nicht bereit sind, mir auch Dank zukommenzulassen?
- Fällt es mir auf, daß die jungen Leute von heute in der Familie, im Beruf, im öffentlichen Leben zunehmend ihre Ellenbogen benutzen und keinen Respekt vor der Praxiserfahrung meiner eigenen Generation haben?
- Habe ich im Leben versagt? Haben andere Menschen mehr erreicht, mehr Glück und mehr Unterstützung im Leben bekommen?
- Mache ich oft die Erfahrung, daß es viel einfacher ist, Dinge selber zu erledigen, als sie anderen Menschen zu erklären? Bemerke ich häufig, daß Kollegen oder Mitarbeiter bei der Arbeit nicht mitdenken?

Vielleicht haben Sie in Ihrem Leben noch ganz andere Anlässe zum Ärgern. Sammeln Sie auf jeden Fall alles, was Ihnen zu der Frage einfällt: Was ärgert mich?

Verzichten Sie zunächst konsequent darauf, sich selbst moralisch zu hinterfragen, ob Sie »das Recht« haben, sich über diese Dinge überhaupt zu ärgern. Sie ärgern sich, und Sie schreiben das nun auf.

2. Wo ärgere ich mich?
Hier sind im wesentlichen vier Bereiche zu unterscheiden:
☐ Familie und Freizeit:
Habe ich viel Ärger zu Hause oder mit meinen sonstigen Angehörigen? Gibt es Streit in der Verwandtschaft? Ist es in der Familie so, daß sich Personen nicht zu meiner eigenen Zufriedenheit verhalten? Entwickeln sich die Kinder wie sie sollen? Gibt es häufig Ärger im Kreis der eigenen Freunde oder mit den Freunden des Partners? Habe ich in meinem Privatleben öfter auch Ärger, der nichts mit Personen zu tun hat? Geht es um Geld? Sind es Schäden am Haus? Ärger über die schlechte Wohngegend, die Verkehrsanbindung, die ungesunde Luft...
☐ Berufsleben:
Habe ich häufig Ärger mit Vorgesetzten oder mit Kollegen? Ärgere ich mich über meinen Beruf oder über bestimmte Tätigkeiten? Kann ich beruflich das erreichen, was ich mir vorgenommen habe?
☐ Die eigene Person:
Manche Menschen brauchen nur in den Spiegel zu sehen, und schon sind sie verärgert. Der eine ärgert sich über seine Glatze, der andere über seine Tränensäcken. Es gibt Menschen, die fast pausenlos über ihre körperlichen Mängel grübeln, ihr eigenes Aussehen mit dem anderer vergleichen und sich dann schrecklich ärgern.
Typisch für den Ärger über Aspekte der eigenen Person ist auch Ärger über mangelnde Leistungsfähigkeit, mangelnde Lernfähigkeit oder auch Ärger über den eigenen schwachen Charakter: Wieso habe ich schon wieder zuviel geges-

sen? Warum kann ich das Rauchen nicht lassen? Wann lerne ich endlich, mich nicht immer wieder von Gefühlsausbrüchen hinreißen zu lassen? Wieso habe ich schon wieder dieses nutzlose Zeug gekauft? – Solche und ähnliche Gedanken der Unzufriedenheit mit sich selbst hat wohl jeder hin und wieder. Manche Menschen jedoch schaffen es leichter, sich selbst »im Griff« zu haben. Andere ärgern sich gar nicht über ihre eigene Person und wieder andere fühlen sich pausenlos unglücklich mit sich selbst.

☐ Umwelt, Gesellschaft, soziale Zustände:
Hier gibt es ebenfalls reichlich Gründe zum Ärgern. Die Umwelt oder die sozialen Zustände sind oft schlecht und scheinen sich trotz aller Bemühungen von Politikern, sozial Engagierten, Reformern oder Missionaren nicht zu verbessern. In diesem Bereich ist es für jeden Menschen wichtig, genau zu unterscheiden. Zum einen: Wo ärgere ich mich sinnlos? Zum anderen: Wo muß ich mich ärgern, damit ich den Anreiz habe, mich einzusetzen und an Verbesserungen mitzuarbeiten?

3. Wie ärgere ich mich?

Auch hier unterscheiden sich die Menschen sehr. Der eine wird vor Ärger knurrend wie ein Hund, der andere tobt und keift. Wieder ein anderer schreibt böse Briefe an Fernsehsender oder an Zeitungen oder Politiker. Es gibt auch Menschen, die sich bei Ärger wie in ein Schneckenhaus zurückziehen und schmollen (»beleidigte Leberwurst«).

Das Problem ist leider, daß sehr viele Menschen sich zwar ärgern, oft auch wissen, daß sie sich lieber nicht ärgern sollten, es jedoch immer wieder auf die gleiche Art und über den gleichen Anlaß tun, ohne etwas zu ändern, ohne daran zu arbeiten, um in Zukunft weniger unter Ärger zu leiden.
Das wird für Sie mit der Anti-Ärger-Strategie ab sofort anders.

4
Ärger ist mehr als ärgerlich

Es geht nicht spurlos vorüber

Ärger ist ärgerlich und geht auf die Nerven. Das ist nicht der einzige Grund, warum es für Sie wichtig ist, sich, wo immer Sie können, vom Ärger zu befreien. Ärger ist auch fähig, Sie selbst zu verändern. Je mehr Sie sich vom Ärger beherrschen lassen, desto größer ist die Gefahr, daß Sie auf andere Menschen verbissen, unfreundlich und unangenehm wirken. Das kann dazu führen, daß man Sie meidet oder auch »angreift« (ärgert!) oder verspottet. Das würde alles zu neuem Ärger führen, der dann wiederum negativen Einfluß auf Sie hätte. Es wäre eine Kette ohne Ende.

Das sind die wichtigsten Gründe für eine konsequente Anti-Ärger-Strategie:

1. Ärger ist Energieverschwendung.
Vergleichen Sie selbst: Eine Stunde Ärgerdiskussion (Streit) kostet mehr Kraft, als zwei oder mehr Stunden nettes Gespräch oder sachlicher Disput. Selbst Arbeit ist weniger anstrengend. Menschen, die im Beruf viel Ärger haben, kommen zermürbt und zerschlagen nach Hause, anders als Menschen, die sich »nur« beim Arbeiten angestrengt haben. Vor allem regelmäßiger Ärger legt sich wie Bleigewicht auf das

Gemüt und ist sogar körperlich fühlbar. In Zeiten des Ärgers ist nicht einmal der Schlaf erholsam (falls er überhaupt kommt). Immer wieder taucht der Ärger in Träumen auf. Das Erwachen führt fast nahtlos zu »frischen« Erschöpfungsgefühlen schon am frühen Morgen. Man geht nicht frohgemut in den neuen Tag, sondern schleppt sich mißlaunig wieder hin zur täglichen Tretmühle, von der man außer weiterem Ärger nichts mehr erwartet.

2. Ärger lähmt das Denken.
Kennen Sie die Situation, daß Sie morgens arglos den Tag beginnen, zum Beispiel zur Arbeit gehen, und dann läßt jemand eine achtlose Nebenbemerkung fallen, und von nun an ist der Tag verdorben? Sofort ist es mit der Konzentrationsfähigkeit vorbei. Immer wieder werden die Gedanken wie magnetisch zum Gegenstand des Ärgers hingezogen, kreisen um ihn, analysieren und interpretieren die Bemerkung wieder und wieder…
Das, was eigentlich an diesem Tag erledigt und gedacht werden sollte, tritt in den Hintergrund. Der Ärger hat die Konzentrationsfähigkeit zerstört. So können keine Ziele verfolgt oder Vorhaben konsequent ausgeführt werden. Das persönliche Vorankommen, sei es beruflich oder privat, ist erschwert. Die Leistungsfähigkeit sinkt.

3. Ärger macht unsympathisch.
Ärger führt zu negativen Gedanken. Alles wirkt viel schwärzer und schlechter als es wirklich ist. Pessimismus prägt das Denken und somit auch das Verhalten und den Gesichtsausdruck. Ruhiges, souveränes Agieren ist nicht mehr möglich. Die Stimme und der Blick werden unfreundlich und stoßen andere Menschen ab. Je mehr man sich ärgert, desto häufiger macht man auf die Mitmenschen einen düsteren, schlecht gelaunten und unbeherrschten Eindruck. Man bekommt eine Reputation als »schwieriger« Mensch, als »Finsterling« oder

gar als Ekel. Andere wollen sich davon nicht niederdrücken lassen. Sie meiden den Umgang und ziehen sich zurück. Somit macht Ärger auch einsam.

4. Ärger mindert die persönliche Wirkung auf andere.
Wer sich ärgert, kann sich innerlich nicht lösen von den eigenen Gefühlen. Der Blick für die Mitmenschen und ihre Belange wird verstellt. Das Einfühlen in die Persönlichkeit des anderen ist nicht mehr möglich. Ein Ärgermensch kann andere nicht beraten, sie führen oder Vorbild sein. Von einem Ärgermenschen läßt sich niemand etwas sagen oder helfen.

5. Ärger nimmt die Freude.
Waren Sie schon einmal auf einer Party, als alle fröhlicher Stimmung waren, und dann kommt ein Mensch hinzu, der sich ärgert? Allein das Gesicht verdirbt die Stimmung. Ob dieser Verärgerte sich nun still verhält und nur düster vor sich hinstarrt, oder ob er allen von seinem Ärger berichtet, bleibt gleich. In beiden Fällen wird die Stimmung der Party gedrückt. Niemand wagt mehr einen Spaß. Gelächter wäre fehl am Platz. Solche Partys lösen sich früh auf.

6. Ärger verbreitet Chaos.
Ruhiges, überlegtes Handeln ist bei Ärger erschwert oder gar unmöglich. Die Konzentration ist gestört. Jeder wird hektisch und nervös gemacht. Da die innere Unruhe die Reizschwelle senkt, können sich belanglose Kleinigkeiten zu völlig neuem und sich ständig vergrößerndem Ärger steigern. Am liebsten möchte man alles hinschmeißen. Wo das nicht geht, werden Fehler gemacht. Das führt wieder zu Ärger. Klares Denken ist nicht mehr möglich. Planloses Handeln führt zu Chaos.

7. Ärger stiftet Streit und macht blind.
Wer sich ärgert, ist nicht nur überempfindlich, sondern auch gereizt wie ein hungriges Raubtier. In blindem Zorn werden Prioritäten nicht mehr gesehen. Selbst Unterschiede im

»Machtverhältnis« – beispielsweise zum eigenen Vorgesetzten – werden nicht mehr bedacht. Man greift blindwütig Menschen an, mit denen man besser keinen Streit hätte, weil sie sich fürchterlich »rächen« könnten. Der Trost »Dem habe ich es mal gegeben«, hält nicht lange an, wenn man dafür zum Beispiel Angst um den Job, die Ehe oder eine Dienstleistung haben muß oder wenn man mit einer Anzeige wegen Beleidigung rechnen kann.

8. Ärger schafft Feinde.
Ärger verursacht kleinkariertes Verhalten, schlechte Umgangsformen und Streit. Menschen, denen wir bisher noch ganz nett erschienen, sehen uns vielleicht plötzlich viel kritischer, wenn sie uns einmal ärgerlich erlebt haben. Umgekehrt können auch wir nicht mehr über kleine Schwächen anderer hinwegsehen. Nicht selten ist es ein ganz dummer Ärger, für den sich später nicht einmal mehr die genaue Ursache feststellen läßt, und schon hat man statt Nachbarn oder Kollegen Feinde oder sogar Feinde in der eigenen Verwandtschaft. Es sind schon jahrelange Freundschaften wegen Ärger auseinandergegangen. Ungerechte Angriffe, Aggressionen, Gefühlsausbrüche, Beschuldigungen, innere Versteinerungen (beispielsweise Hartherzigkeit) lassen Menschen sich voneinander abwenden. Manches bittere Wort wird nie mehr vergessen und vergeben, war es auch nur im Ärger »herausgerutscht«.

9. Ärger macht häßlich.
Ein entspanntes, freundliches Gesicht wirkt selbstverständlich hübscher als eine verkniffene Miene mit bösem Blick. Auf Dauer, wenn sich der Ärger ständig tiefer in die Seele frißt, zeichnet sich das Gesicht entsprechend. Gehen Sie einmal in ein Altersheim. Sie erkennen deutlich an den Gesichtern, wer sich viel geärgert hat und wer eher friedlich und angenehm gelebt hat. Wenn Sie den Lebensgeschichten der Menschen

nachgehen, werden Sie feststellen, daß die verbitterten Gesichter keineswegs typisch sind für Menschen, die »viel durchgemacht« haben. Das Ausmaß an Unglück im Leben prägt die Gesichter weniger, als die innere Einstellung.
Finsteres Denken prägt finstere Mienen und führt zu grämlicher Ausstrahlung. Das stößt andere Menschen ab. Ärger macht, wie schon gesagt, auch einsam.

10. Ärger macht krank.
Muß das näher erläutert werden? Der Volksmund gibt uns viele Hinweise: Etwas »schlägt uns auf den Magen« oder »lastet auf dem Herzen«, uns »läuft die Galle über« oder uns »läuft eine Laus über die Leber«. Wir kennen auch die Menschen, die, puterrot vor Ärger mit geschwollenen Adern und am ganzen Leibe zitternd, den Eindruck vermitteln, als könnten sie jeden Moment an Herzinfarkt sterben. Ärger nagt an den Nerven und »geht aufs Gemüt«. Man muß nicht Psychologe sein, um zu erkennen, daß Ärger auch die Seele krank machen kann.

Die Dummen sind besser dran

Die Dummen haben ein viel dickeres Fell. Vieles bemerken sie gar nicht. Oft wissen sie nicht einmal, worüber sie sich eigentlich ärgern könnten. Achten Sie darauf: Dumme kann man fast nur mit schlechtem Essen und mit schlechten Sportergebnissen ärgern. Sie ärgern sich vielleicht auch noch, wenn der Nachbar sich einen Porsche leisten kann oder wenn der Fernseher mitten in der Fußballübertragung ausfällt. Feinsinnige Anspielungen, raffinierte Bosheiten, Mißstände in Gesellschaft und Politik etc. ärgern sie nicht, weil sie sie gar nicht bemerken oder nicht begreifen. – Ihr Pech, wenn Sie nicht dumm sind!

Als sensibler Mensch mit Ideen und Phantasie haben Sie jedoch auch die Möglichkeit, etwas zu tun, daß Ihnen der Ärger nicht über den Kopf wächst. Sie können zum Beispiel eine Anti-Ärger-Strategie anwenden, sich zeitweilig ablenken oder auch einmal Seelenurlaub nehmen. Das geht so:

1. Suchen Sie sich einen ruhigen Ort, und legen Sie sich bequem hin.
2. Entscheiden Sie sich für ein Urlaubsziel.
   Ich träume mich zum Beispiel immer an einen sonnigen Palmenstrand. Ein Freund von mir träumt sich in den Kuhstall zurück, wo er als Kind oft im Stroh gelegen hat.
3. Schließen Sie die Augen. Nehmen Sie Abschied von allen Gedanken, die soeben noch in Ihrem Kopf waren. Lassen Sie sie zurück.
   Fühlen Sie Ihren Körper. Bei den Füßen fängt es an. Diese liegen bleischwer auf dem Boden. Wärme breitet sich von den Fersen bis zu den Zehen aus.
   Schwere und Wärme kriechen die Beine hinauf. Der Körper wird schwer. Der Bauch ist von Wärme erfüllt. Die Arme und der Kopf scheinen in den Boden zu sinken. Das Gesicht wird warm.
4. Gut durchgewärmt erreichen Sie Ihr Urlaubsziel. Sie hören die vertrauten Geräusche. Sie riechen es und fühlen auf der Haut, daß Sie angekommen sind.
   Es geht Ihnen gut hier. Sie sind völlig entspannt.
5. Wenn Sie im Bett liegen, schlafen Sie jetzt vielleicht ein. Beneidenswert.
   Vielleicht müssen Sie nach einigen Minuten wieder zurückkehren. Nehmen Sie langsam Abschied vom Ort Ihrer Träume. Strecken Sie Arme und Beine. Räkeln Sie sich ausgiebig. Stehen Sie langsam auf.
   Alles ist neu. Sie fühlen sich gut erholt.

Nichts hören, nichts sehen, nichts sprechen

Sie kennen diese drei Äffchen: Der eine hält die Hände über seine Augen, der andere hält sie über seine Ohren, der dritte verschließt damit seinen Mund. Diese drei Äffchen versinnbildlichen den Spruch: Nichts Böses hören, nichts Böses sehen, nichts Böses sprechen.

Zunächst einmal ist das eine sehr gute Einstellung. Wir sollten nicht ständig dahinter her sein, Gerüchten, Skandalen, Tratsch und bösen Geschichten und Ereignissen aufzulauern. Wir sollten auch nicht mit böser Zunge Übles reden und dadurch das Unangenehme – und somit den Ärger – noch weiter verbreiten.

Kennen Sie Menschen, die mit ihrem Verhalten dem Vorbild der drei Äffchen nacheifern? Tatsächlich kann man feststellen, daß diese Menschen viel seltener in unangenehme Geschichten verstrickt sind. Sie geraten weniger oft mit anderen in Streit und haben kaum Feinde. Haben sie dafür Freunde? Schwer zu sagen. Sosehr ich persönlich solche Personen wirklich um den sie umgebenden Frieden beneide, so gehen sie mir recht häufig auch auf die Nerven.

Ich habe eine Bekannte, die sich einer indischen Sekte angeschlossen hat. Nun spielt unablässig ein Lächeln um ihre Lippen. Sie findet alles gut und jeden Menschen nett. Ob sie angerempelt wird, ob jemand auf der Straße sein Kind ohrfeigt oder ob jemand im Bus einem Behinderten den Sitzplatz verweigert, sie findet die Welt harmonisch und schön. Unberührt von den kümmerlichen Sorgen des Diesseits schwebt sie auf der Wolke der erleuchteten Sanftheit. Ihre Tochter hat sich einem Schlägertrupp angeschlossen und trainiert täglich im Hausflur mit einem Würgeholz. Ihr Sohn, ein schmächtiges Kerlchen, lebt in Angst und Schrecken vor den gewalttätigen Schulkameraden, die ihm bereits einmal sein Pausengeld abgenommen haben. Und dazwischen wandelt die Mut-

ter auf Korksohlen, lächelt liebevoll um sich und verkündet, daß sich die »Energie der Liebe« stetig neu auflädt.
Das darf meines Erachtens nicht die Botschaft der drei Äffchen sein. Versuchen Sie, es so zu sehen:

1. *Nichts Böses hören:*
   Lauern Sie nicht auf Gelegenheiten, bei denen Sie noch mehr schmutzige Geschichten, noch mehr Abfälligkeiten über andere Menschen erfahren können. Auch wenn es Spaß machen kann, sich solche Dinge anzuhören, so setzt sich doch im Herzen die Frage fest: »Reden die Leute hinter meinem Rücken denn auch über mich so abfällig?«
   Umgeben Sie sich statt dessen bevorzugt mit Menschen, die gar nicht oder nur gut über andere sprechen. Denken Sie an die alte Weisheit: »So wie man bei mir über andere redet, so redet man bei anderen über mich.«

2. *Nichts Böses sehen:*
   Auch hierzu kann man nur sagen: Verzichten Sie auf das Maulaffenfeilhalten. Rennen Sie nicht sofort hin, wenn etwas passiert ist. Gehören Sie nicht zu jenen, die sich mit aufgerissenen Augen und hängendem Kiefer um Verunglückte stellen und enttäuscht sind, wenn nicht abgerissene Arme und Beine in ihrem Blut auf der Straße liegen. Verzichten Sie konsequent darauf, sich am Unglück anderer Menschen zu weiden. Stehen Sie nicht hinter der Gardine, wenn vor dem Haus der Polizeiwagen hält.
   Wenn Sie hinsehen, dann nur, um zu klären, ob Sie helfen können und ob weitere Gefahr droht.

3. *Nichts Böses reden:*
   Daß Sie nicht die Quelle übler Nachrede sein sollten, dürfte klar sein. Denken Sie bewußt darüber nach: Wie spreche ich eigentlich über andere Menschen? Wie spreche ich über bestimmte Einzelpersonen (über Kollege Meier und dessen Marotten) oder über Personengruppen (»die Aus-

länder«, »die alten Tanten«, »die Managertypen«, »die Bullen«, »die Drogerieverkäuferinnen«…)?

Folgende Botschaft läßt sich von den drei Äffchen übernehmen:
- Ich sauge weder über die Augen, noch über die Ohren Böses und Ärgerliches in mich auf.
- Ich trage nicht durch Gerede zur weiteren Verbreitung von Ärger bei.

Bis hier her und nicht weiter!

Unser Bemühen, möglichst ärgerfrei, friedlich und gut gelaunt durchs Leben zu gehen, bedeutet nicht, daß wir ständig nur darauf achten sollen, konfliktfrei mit anderen auszukommen und möglichst alles so hinzunehmen, wie andere es gerne möchten. Das kann leicht als Schwäche ausgelegt werden, und andere Menschen nehmen uns nicht mehr ernst. Leider erleben wir es immer wieder, wie die Frechen und die Herrschsüchtigen oder auch die nur Gedankenlosen mit Menschen umgehen, von denen sie glauben, daß diese sich nicht wehren können. Leider müssen wir manchmal recht deutlich anderen die Grenze ziehen: Bis hier her und nicht weiter! Manchen Menschen müssen wir erst unmißverständlich klar machen, was wir noch hinnehmen an Verhalten, Umgangsformen etc. und was nicht.

Wichtig ist, daß wir – jeder für sich persönlich – definieren, was wir noch akzeptieren können oder wollen. Ein anderer kann das nicht für uns entscheiden. Argumente wie »Stell dich nicht so an« dürfen uns nicht beirren. Wenn ich verärgert bin, dann bin ich verärgert, ganz egal, ob ein anderer meint, daß vielleicht gar kein Anlaß dafür vorhanden sei.

Eine Bekannte von mir kam eines Tages sehr erbost in den Clubraum, wo wir uns mit ein paar Freunden regelmäßig treffen. Sie hatte an dem Tag ihren Chef informiert, daß sie am nächsten Morgen etwas später zur Arbeit kommen würde, da sie einen Termin beim Zahnarzt habe. Daraufhin habe der Chef im Beisein von Kunden geknurrt: »Das ist mir sch...egal.«
Wenn mir selbst das passiert wäre, hätte ich mich nicht geärgert. Die Erziehung meines Chefs lag nie in meiner Verantwortung. Mit einem Achselzucken wäre ich über sein Benehmen hinweggegangen. Für meine Bekannte war es anders. Sie war außer sich vor Zorn. »Wie kann er mit mir vor anderen Leuten so reden? Vor Kunden! Was sollen die Kunden denken, was ich mir dort bieten lassen muß?« Sie konnte sich kaum beruhigen. Nicht nur die Bemerkung des Chefs ärgerte sie, sondern auch die Tatsache, daß ihr wieder einmal nicht sofort eine passende Antwort eingefallen war.
Am nächsten Morgen sprach sie ihren Chef an. Dieser war völlig überrascht. Nein, so habe er das doch nicht gemeint. Natürlich tue es ihm leid, daß sie Probleme mit den Zähnen habe. Das sei doch bloß eine Floskel gewesen... Er versuchte, die Bemerkung des Vortages zu verharmlosen. Für die Zukunft wußte er, daß seine Mitarbeiterin sehr wohl Wert darauf legte, respektvoll behandelt zu werden.
Was hätten Sie getan, wenn Ihnen passiert wäre, was mein Kollege, Herr Köster, mir schilderte? Herr Köster und seine Frau sparten jahrelang eifrig, bis sie sich endlich ihren Traum erfüllen konnten: Sie bauten ein Haus am Waldrand. Rechts und links standen bereits andere nette Häuschen mit hübschen Vorgärten und gepflegten Rasenflächen. So wollten es die Kösters auch haben.
Das Haus wurde fertig. Die Familie zog ein. Am ersten Morgen im neuen Heim stellte Frau Köster sich ans Fenster, um die Aussicht auf den gegenüberliegenden Wald zu genießen. Statt dessen starrte sie geradewegs auf »Wolters Urlaubsrei-

sen – sicher und schön«. In leuchtend roten Buchstaben stand der Text auf einem mülltütenblauen Omnibus, der direkt vor Kösters Vorgarten geparkt war. Es stellte sich heraus, daß der Nachbar zur Rechten Busunternehmer war und es seit dem Tag seines Einzugs in sein Haus am Waldrand gewohnt war, den Bus – wenn er damit gerade nicht unterwegs war – genau dort zu parken. Vor seinem eigenen Fenster wollte er ihn nämlich auch nicht stehen haben. Nun wollten die Kösters jedoch nicht auf »Wolters Urlaubsreisen – sicher und schön« blicken, wenn sie eigentlich den Wald sehen wollten. Herr Wolters war hingegen der Ansicht, daß eine Straße für alle da sei, und daß er seinen Bus parken könne, wo er wolle. Sollten nun die Kösters zum Zwecke der Ärgervermeidung das neue Eigenheim verkaufen, sich an den Anblick gewöhnen oder die Fenster zur Straße hin zumauern?

5

So bin ich nun mal – muß ich so bleiben?

So ist es zur Zeit

Sie haben sich nun in Gedanken bereits intensiv mit Ihrem Ärger auseinandergesetzt. Sie haben für sich selbst herausgefunden, welcher Ärgertyp Sie sind. Sicherlich haben Sie bei etlichen der bisherigen Beispiele gedacht: »Das kenne ich.«
Sie haben auch darüber nachgedacht, wie Sie sich ärgern. Sie neigen vielleicht dazu, Ärger in sich hineinzufressen (dann schlägt er Ihnen womöglich auf den Magen). Vielleicht macht Ärger Sie auch schlecht gelaunt. Dann besteht die Gefahr, daß Sie Ihre Mitmenschen verärgern, und die »rächen« sich natürlich durch »Zurückärgern«.
Es kann auch sein, daß Sie sich manchmal auf die eine und manchmal auf die andere Art ärgern. Es wäre auch nicht verwunderlich, wenn Sie zu den Menschen gehörten, die ein schwankendes Ärgerverhalten und auch eine wechselhafte Ärgerempfindlichkeit haben. Was Sie gestern nicht berührt hat, geht Ihnen vielleicht morgen schon schrecklich auf die Nerven. Wenn Sie sich selbst über eine gewisse Zeit beobachten (Was tue ich? Was fühle ich?), werden Sie zum Beispiel feststellen, daß Sie bei Wetterwechsel, Übermüdung oder Vollmond leichter zu Ärger neigen als üblich.

Vielleicht haben Sie durch die bisherige Lektüre keine wirklich neuen Erkenntnisse gewonnen. Im Grunde wissen Sie das alles längst über sich selbst. Dennoch ist es wichtig, daß Sie sich vor dem Beginn einer Anti-Ärger-Strategie gründlich und sehr bewußt mit sich selbst, mit Ihrem aktuellen und mit Ihrem bisherigen Ärger befassen. Je mehr Sie über sich selbst wissen und auch bewußt reflektieren, desto gründlicher und effektiver können Sie durch eine Anti-Ärger-Strategie Ihrem Mißbehagen zu Leibe rücken.

Sie sollten sich auch nicht entmutigen lassen, wenn Sie bereits Erfahrungen mit vergeblichen Versuchen, sich vom Ärger zu befreien, hinter sich haben. Wer hat sich nicht schon gelegentlich fest vorgenommen: Darüber rege ich mich nie mehr auf! Der eine beißt bei jedem Verwandtenbesuch die Zähne zusammen, der andere nimmt sich Ärgerverzicht vor, wenn er den Kindern bei den Hausaufgaben helfen will… Und dann schaffen wir es doch nicht. Und wieder sagt Tante Hilda etwas, was uns in die Luft gehen läßt, oder schon wieder hat das Kind nicht richtig notiert, wie der Lehrer die Aufgaben gelöst haben will…

So geht es wohl den meisten von uns:

- Wir wissen, wo wir uns zuviel oder zu oft ärgern.
- Wir wissen, daß wir uns nicht zu Ärger reizen lassen sollten.
- Wir nehmen uns ganz fest vor, in Zukunft »die Nerven zu behalten«.
- Wir lassen uns doch wieder in der aktuellen Situation »aus dem Häuschen« bringen.

Ein völlig ärgerfreies Leben werden wir kaum je führen können. Das soll auch nicht das Ziel einer Anti-Ärger-Strategie sein. Das Ziel kann für jeden Menschen anders sein. Der eine will vielleicht seine Gesundheit verbessern, der andere möchte mehr innere Ruhe, der nächste möchte mit den Mitmenschen besser auskommen, wieder ein anderer möchte mutiger werden oder »cool« bleiben, auch wenn es »heiß hergeht«... Was wollen Sie für sich erreichen?

Vor dem Anstreben eines Zieles ist es zu nächst wichtig, sich ganz intensiv mit der aktuellen Situation zu befassen. Im Projektmanagement großer Firmen steht vor der eigentlichen Aktivität (beispielsweise der Bau einer neuen Fabrik oder die Erweiterung des Warenangebotes) immer eine Ist-Analyse. Die Ist-Analyse soll über den aktuellen Stand Auskunft geben. Die Ist-Analyse gibt folgende Informationen:

- So ist es zur Zeit.
- Das ist der jetzige Stand der Dinge.

Verzichten Sie vor der Anti-Ärger-Strategie nicht auf eine gründliche Ist-Analyse. Wenn Sie genau wissen, wo Sie heute stehen, dann können Sie Ihr Ziel (So soll es werden) festlegen. Wenn Sie Ihren jetzigen Stand kennen und bereits wissen, welches Ziel Sie anstreben, dann fehlt Ihnen »nur« noch der Weg vom Ist-Zustand zum Ziel. Der Weg kann für Sie die Anti-Ärger-Strategie sein. Genau wie bei jeder Reise von einem bestimmten Ort zu einem Zielpunkt, hilft uns auch bei Projekten (zum Beispiel Hausbau) der Plan oder auch mehrere Pläne (Bauplan, Finanzierungsplan etc.) weiter. Das ist bei der Anti-Ärger-Strategie nicht anders. So werden Sie bei der »Ent-Ärgerung« vorgehen:

1. *Erstellen einer Ist-Analyse.*
   Sie analysieren, wie sich Ihre Situation zur Zeit darstellt.
   - So geht es mir jetzt.
   - Das ärgert mich immer wieder.
   - So ärgere ich mich.
   - Unter diesen Umständen oder in diesen Zusammenhängen bin ich besonders ärgeranfällig.

2. *Definieren des Zieles.*
   ☐ So will ich es in Zukunft haben.
   ☐ Das will ich erreichen.

3. *Erstellen von Plänen.*
   ☐ So muß ich vorgehen.
   ☐ Das brauche ich für den Weg zum Ziel.
   ☐ Das kann mir helfen.
   ☐ Das muß ich jetzt oder später tun.

4. *Durchführen der Anti-Ärger-Strategie.*
   ☐ Ich tue es.
   ☐ Ich beobachte ständig, ob ich auch den Plänen folge und ob die Pläne möglicherweise wegen neuer Erkenntnisse geändert werden müssen.
   ☐ Ich kontrolliere ständig, ob ich noch auf dem richtigen Weg bin.
   ☐ Ich prüfe immer wieder, ob die Ziele in der einmal festgelegten Form noch sinnvoll sind.

Im Moment stehen Sie noch ganz am Anfang der Anti-Ärger-Strategie. Machen Sie erst einmal Ihre Ist-Analyse. Die Feststellung des eigenen Ärgertyps war bereits ein Teil der Ist-Analyse. Nun sollten Sie einmal Ihre heutige allgemeine Lebenssituation analysieren. Nehmen Sie ein Blatt Papier, das Sie für einige Tage an eine Tür in Ihrer Wohnung kleben, und zeichnen Sie fünf Spalten ein. Dieses sind die Spaltenüberschriften:

☐ Zusammenhang
☐ So ist es.
☐ Das ist gut.
☐ Das ist nicht gut.
☐ Das wäre besser.

In die erste Spalte schreiben sie unter »Zusammenhang« mit jeweils großem Abstand diese (und vielleicht weitere für Sie wichtige) Stichworte: Ausbildung, Beruf, spezielle Begabungen, Alter, Gesundheit, Körper, Familie, Freunde, finanzielle Situation, Wohnumfeld…
Füllen Sie im Laufe der nächsten Tage die Spalten neben den Stichworten aus. So könnten Ihre Notizen aussehen:

Zusammenhang:	So ist es:	Das ist gut:	Das ist nicht gut:	Das wäre besser:
Ausbildung:	Ich habe eine Lehre als Kaufmann.	Ich habe ein gutes Zeugnis.	Mit der Ausbildung kann ich keine Karriere machen in dem Bereich, der mir gefällt.	Ich sollte eine Fremdsprache lernen und mich weiterqualifizieren.
Beruf:	Ich leite eine Abteilung in einem Kaufhaus.	Ich kann recht selbständig arbeiten.	Ich mag die Arbeit nicht und habe keine Aufstiegschancen.	Ich wäre gerne im Management.
Familie:				

Wer ein Ziel hat, macht sich auf den Weg

Sie haben sich vorgenommen, in Zukunft weniger unter Ärger zu leiden, in Ärgersituationen besser zu reagieren oder bestimmte Quellen des Ärgers in Ihrem Leben zum versiegen zu bringen. Wahrscheinlich haben Sie bereits Vorstellungen, wie es sein wird, wenn Sie es geschafft haben. Dennoch sollten Sie sich ganz bewußt für Ihr Vorhaben ein Ziel setzen. Es reicht nicht, sich vorzunehmen, daß alles »besser« werden soll. Setzen Sie sich ein konkretes Ziel: *Das* will ich erreichen. Legen Sie auch den Zeitpunkt fest: *Dann* will ich mein Ziel erreicht haben.

Mir persönlich hilft es, wenn ich Verträge mit mir selbst abschließe. Diese Verträge beinhalten im wesentlichen die folgenden Bestandteile:

1. *Ziel*
   - Das will ich erreichen.
   - Das soll das Ergebnis meiner Anstrengungen sein.
   - So werde ich am Ende prüfen, ob ich mein Ziel wirklich und vollständig erreicht habe.

2. *Zeitpunkt*
   - Zu diesem Zeitpunkt muß das Ziel erreicht sein.
   - Zu diesen Zeitpunkten müssen bestimmte Teilziele erreicht sein.
   - Zu diesem Zeitpunkt fange ich an, konsequent für mein Vorhaben tätig zu werden.

3. *Aktivitäten*
   - Das werde ich tun, um mein Ziel zu erreichen.
   - Diese Belastungen oder Einschränkungen werde ich auf mich nehmen.

Bevor Sie Ihren Anti-Ärger-Vertrag abschließen, möchte ich noch einiges zum Thema »Ziele« sagen. Was ist ein Ziel? In der Literatur gibt es verschiedene Definitionen zu diesem Begriff. Auch in Gesprächen kann man immer wieder feststellen, daß nicht alle Menschen unter »Ziel« das gleiche verstehen. Lassen Sie mich hier eine Definition nennen, wie sie im Projektmanagement üblich ist.

Ein Ziel ist

- die gedankliche Vorwegnahme eines künftigen Zustands,
- der bewußt gewollt ist und
- aktiv angestrebt wird.

Trotz dieser Definition wäre das folgende zum Beispiel kein Ziel: Besuch beim Zahnarzt. Ich kann zwar gedanklich sehr gut vorwegnehmen, wie es sein wird, wenn ich auf dem Behandlungsstuhl sitze. Da mir der Zahn weh tut, will ich auch bewußt zum Zahnarzt gehen und werde aktiv die Praxis anstreben. Trotzdem ist der Zahnarztbesuch kein Ziel. Es handelt sich um eine Aktivität.

Ein Ziel wäre: Ich will bis zum 4. Mai gesunde Zähne ohne Löcher und sonstige Schäden haben. Der Besuch beim Zahnarzt ist dann der Weg zum Ziel. Es ist das, was ich tun werde, um ans Ziel zu kommen. Auch die folgenden Beispiele sind Ziele: Wir wollen in fünf Jahren ein Haus besitzen. Ich will bis zum 40. Geburtstag Abteilungsleiterin werden. Ich will dieses Jahr einen Roman herausgeben. Ihr Ziel kann zum Beispiel sein: Ich will mich weniger ärgern. Ich will auf Provokationen sinnvoller reagieren. Bei diesen Zielen können Sie sich gedanklich in die Zukunft hineinversetzen und sich ausmalen, wie es werden wird, wenn Sie die Ziele erreicht haben. Sie wollen ganz bewußt Ihr Ziel erreichen und haben sich auch vorgenommen, aktiv etwas dafür zu tun.

Die obigen Formulierungen reichen trotzdem noch nicht aus. Wenn Sie Ihre Ziele für die Anti-Ärger-Strategie festlegen – und Sie sollten es unbedingt schriftlich tun –, dann achten Sie darauf, daß Ihre Ziele diesen Anforderungen genügen:

- Ein Ziel muß sinnvoll,
- realistisch,
- meßbar,
- zeitlich festgelegt und
- mit dem Gewissen vereinbar sein.

Auf diese Anforderungen möchte ich hier genauer eingehen:
- *Ein Ziel muß sinnvoll sein.*

  Fragen Sie sich selbst, ob es lohnt, sich die Mühe zu machen, ein bestimmtes Ziel zu erreichen: »Was habe ich davon?«, »Welche Vorteile bringt es mir?«, »Kann es mir möglicherweise auch schaden?«
- *Ein Ziel muß realistisch sein.*

  Bleiben Sie auf dem Teppich. Verschwenden Sie nicht Ihre Kraft für Ziele, die Sie sowieso nicht erreichen können. Auf der anderen Seite sollten Sie auch nicht zu pessimistisch sein. Sie kennen sicherlich den Spruch: »Man muß das Unmögliche anstreben, um das Mögliche zu erreichen.« Oft ist nämlich viel mehr möglich, als wir zu Anfang zu hoffen wagen. Verzichten Sie zum Beispiel auf ein Ziel wie: »Ich will mich nie wieder ärgern.« Realistisch wäre: »Ich will es lernen, bei Ärger nicht sofort Streit anzufangen.«
- *Ein Ziel muß meßbar sein.*

  Damit ist gemeint, daß es möglich sein muß zu »messen«, ob und wie weit das angestrebte Ergebnis schließlich erreicht wurde.

  Beispiele: »Ich will reich werden.«, »Ich will schlank werden.« Diese Ziele sind nicht meßbar, denn es ist nicht allgemeingültig festzustellen, wann ein Mensch reich ist oder schlank. Die Ziele müßten zum Beispiel so lauten: »Ich will 500.000 DM besitzen.« Oder: »Ich will 56 kg wiegen.« Bei solchen Formulierungen läßt sich am Ende sehr wohl sagen: »Erreicht« oder »Nicht erreicht«.

  Für Ihre Anti-Ärger-Strategie kann ein meßbares Ziel sein: »Ich will nicht mehr wütend werden, wenn ich den Hausmeister sehe.« Oder: »Ich kann durch die Stadt fahren, ohne Haß auf die anderen Autofahrer.«
- *Ein Ziel muß zeitlich festgelegt sein.*

  Zu jedem Ziel gehört der Zeitpunkt, zu dem ich etwas Bestimmtes erreicht haben will.

Es genügt zum Beispiel nicht, sich vorzunehmen, 500.000 DM zu besitzen. Dazu muß auch die Festlegung kommen, wann das Geld vorhanden sein soll. Wenn Sie sich zum Beispiel darüber ärgern, daß Sie trotz all der guten Vorsätze doch immer wieder zur Zigarette greifen, dann sollten Sie nicht sagen: »Ab morgen rauche ich nicht mehr.« Nehmen Sie sich statt dessen vor: »An meinem nächsten Geburtstag kann ich während der Party zwischen all den Rauchern sitzen und selbst auf Zigaretten verzichten.« Der Vorsatz in dieser Form wird es Ihnen viel leichter machen, wieder Mut zu fassen, wenn Sie in der Zwischenzeit doch einmal »schwach werden« sollten. Nach einem »Fehltritt« bleibt das Ziel ja immer noch erreichbar. Auf der anderen Seite hilft uns die Bestimmung eines Zeitpunkts bei der Selbstdisziplin. Wenn ich mir vornehme, zehn Kilogramm abzunehmen, neige ich bei jeder verlockenden Speise dazu, die Fastenkur aufzuschieben. Wenn ich jedoch das Datum vor Augen habe, an dem die Waage mir den Erfolg nachweisen soll, dann kann ich mich in der Regel leichter beherrschen.

□ *Ein Ziel muß mit dem Gewissen vereinbar sein.*

Das bedeutet auch, daß der Weg zum Ziel mit dem Gewissen vereinbar sein muß. Nehmen Sie sich vor, Ihre Ziele nicht auf Kosten anderer durchzusetzen. Versuchen Sie nicht, Ihre Ziele dadurch zu erreichen, daß Sie anderen Schaden zufügen oder sie verletzen.

Das bedeutet jedoch nicht, daß Sie sich weiterhin auf der Nase herumtanzen lassen. Wenn zu Ihrer Anti-Ärger-Strategie zum Beispiel gehört, sich endlich aus einer unglücklichen Ehe zu befreien, dann sollten Sie nicht deshalb zurückschrecken, weil Ihr Partner dann allein bleibt und nicht mehr weiß, wen er schikanieren oder ausbeuten soll. Nehmen Sie Ihre Scheidung konsequent in Angriff, verzichten Sie jedoch auf Rache.

Sie sollten sich im Rahmen Ihrer Anti-Ärger-Strategie auch vornehmen: Ich will anderen Menschen weniger Ärger bereiten. Als Ziel formuliert kann das sein: »Ich lerne es, darauf zu verzichten, meinen Eltern immer wieder vorzuwerfen, was sie in meiner Erziehung falsch gemacht haben.« Oder: »Ich werde es lernen, auch wenn ich unter Streß bin, nicht mehr unsicheren und langsamen Autofahrern auf die Stoßstange zu rücken.« Ein Bekannter von mir hat sich diesen Merksatz für seine Anti-Ärger-Strategie vorgenommen: »Den Ärger, den ich nicht haben will, den bereite ich auch keinem anderen.«

Wenn Sie die Ziele für Ihre Anti-Ärger-Strategie festlegen, werden Sie zunächst nicht alles nach den oben genannten Merkmalen beschreiben können. Sammeln Sie zunächst Ihre Wünsche in grober Form. Beispiel: »Ich will mit den Nachbarn besser auskommen.« Oder: »Ich will weniger fluchen.« Kleben Sie vier Zettel an verschiedene Türen Ihrer Wohnung, oder legen Sie eine Mappe mit vier leeren Blättern an. Schreiben Sie auf jeden dieser Zettel jeweils einen dieser Sätze:

1. Das will ich mit meiner Anti-Ärger-Strategie erreichen:
2. So kann ich vorgehen:
3. Das darf nicht passieren:
4. So könnten meine Ziele in Gefahr geraten:

Sammeln Sie im Lauf von mehreren Tagen so viele Ideen wie nur möglich auf den vier Zetteln. Auf dem ersten Zettel sammeln Sie Ihre Wunschvorstellungen. Wenn Sie die Sammlung abgeschlossen haben, formulieren Sie die Wünsche zu meßbaren und zeitlich festgelegten Zielen um.
Auf dem zweiten Zettel notieren Sie Ihre Ideen, was Sie tun müssen, um mit der Anti-Ärger-Strategie erfolgreich zu sein. Schreiben Sie auch auf, welche Mühen oder Einschränkungen Sie bereit sind, auf sich zu nehmen.

Auf dem dritten Zettel halten Sie alle Hinweise auf mögliche Risiken fest. Wenn zum Beispiel Ihr Ziel ist, weniger Ärger mit Tante Elli zu haben, dann könnten Sie sich vornehmen, einen derart schrecklichen Streit mit Tante Elli vom Zaun zu brechen, damit diese Sie nie wieder besuchen kommt. Dann sind Sie eine Menge Ärger los. Vielleicht aber wird Tante Elli Sie aus dem Testament streichen. Wollen Sie das? Ernsthaft: Überlegen Sie stets genau, ob nicht vielleicht irgendwo die Gefahr lauert, einen Vorteil zu erreichen, der einen Nachteil nach sich zieht.

Auf dem vierten Zettel sollten Sie festhalten, wer eventuell versuchen könnte, Ihre Ziele zu torpedieren. Vielleicht gibt es auch bestimmte Umstände, die Ihre Ziele gefährden könnten. Wenn Sie sich zum Beispiel über Ihr Gewicht ärgern, dann nehmen Sie sich vor, auf Süßigkeiten, Fett, Alkohol etc. zu verzichten. Wo lauert die Gefahr für Ihr Ziel? Möglicherweise da: Die Kantine, das Festessen bei Onkel Willi… Wenn Sie häufig Ärger mit dem Kollegen Müller haben, dann könnten bestimmte Gesprächsthemen riskant sein. Wahre Kriegsschauplätze sind oft die Themen: Politik, Geld, Sex, Religion, Krankheiten oder Behinderungen. Notieren Sie diese Risiken, und planen Sie Strategien der Vermeidung oder Verminderung ein.

Sie werden übrigens feststellen, daß Sie mit dem Erreichen Ihrer konkreten Ziele ganz »automatisch« globalere Ziele erreichen. Das sind zum Beispiel:
- mehr Zufriedenheit
- bessere Gesundheit
- ruhigerer Schlaf
- bessere Laune
- mehr Mut im Alltag
- mehr Erfolg
- netterer Kontakt mit anderen Menschen
- mehr Freude an »kleinen« Dingen
- positivere Zukunftserwartungen
- freundlichere Mitmenschen etc.

6
Die Anti-Ärger-Strategie

Die Ärger-Sammlung

Nach allen bisherigen Überlegungen haben Sie bereits einen recht guten Einblick in Ihr Ärgerpotential. Sie haben sich sicherlich manches ärgerliche Ereignis ins Gedächtnis zurückgerufen und noch einmal darüber nachgedacht, was überhaupt die Ursache des Ärgers war, warum Sie sich speziell in diesem Fall geärgert haben und wie sich der Ärger bei Ihnen seelisch oder im Verhalten ausgewirkt hat. Vielleicht haben Sie auch über Ihre Mitmenschen nachgedacht: Was ärgert andere Menschen? Wie reagieren sie? Warum kann ich den Ärger anderer oft ebensowenig verstehen, wie sie den meinen nachempfinden können?

Ich nehme an, daß Sie sich mittlerweile auch überlegt haben, welche Veränderungen Sie für sich persönlich durch eine Anti-Ärger-Strategie erreichen möchten. Sie haben vielleicht schon ein festes Ziel vor Augen. Sie wissen auch, daß Sie vor dem Anstreben des Ziels sich gründlich mit der aktuellen Situation auseinandersetzen sollten. Haben Sie Ihre Ist-Analyse schon gemacht?

Jetzt folgt als konkrete Vorbereitung der speziellen Anti-Ärger-Strategie eine weitere Form der Ist-Analyse. Legen Sie eine Ärger-Sammlung an. Schreiben Sie mit buchhalterischer Genauigkeit auf, was genau Sie akut geärgert hat. Mindestens eine Woche hindurch (besser: einen Monat) führen Sie ständig Ihre Ärger-Sammlung mit sich und notieren sofort, was sich an Ärgerlichem für Sie zugetragen hat.

Lassen Sie sich durch nichts davon abhalten (»Nicht so wichtig.«, »War sowieso meine eigene Schuld.« etc.). Forschen Sie weder nach tieferen Ursachen, noch nach Schuld oder Grad der Wichtigkeit. Schreiben Sie auf, was vorgefallen ist und was Sie daran geärgert hat. Sie sollten sich für diese Sammlung ein Heftchen zulegen. Wenn Sie es ständig bei sich haben, können Sie immer gleich eintragen, was hinein gehört. Wenn Sie nämlich erst abends für den ganzen Tag Ihre Eintragungen machen, sind Sie vielleicht zu müde oder haben schon viele »Kleinigkeiten« vergessen.

Es reicht, wenn Sie sich sehr kurze Notizen machen. Außer Ihnen selbst muß niemand die Eintragungen verstehen können. Nach Abschluß der Ist-Analyse werden Sie die Ärger-Sammlung ohnehin vernichten.

Zeichnen Sie in Ihr Heft eine Spalteneinteilung:

Nr.	Datum	Ärger	(mögliche) Ursache

In der Spalte »Nr.« tragen Sie die laufende Nummer Ihrer Ärgernisse ein. Die Spalte »Datum« können Sie auch durch die Uhrzeit ergänzen. Unter »Ärger« nennen Sie das, was Sie genervt hat. Bei »(mögliche) Ursache« treiben Sie keine ausführliche Ursachenforschung, sondern tragen, falls nötig, kurz den Grund für das Geschehen ein. Beispiel: Der Ärger war die Tatsache, daß Sie zum Einkaufen die Lesebrille nicht dabei hatten. Die mögliche Ursache kann sein, daß Sie die falsche Handtasche mitgenommen haben. Es geht demnach

nicht um Ursachen im Sinne von »Schuld«. Es sollen nur die oft so banalen Anlässe genannt werden.
Nach den ersten Eintragungen kann Ihre Tabelle so aussehen.

Nr.	Datum	Ärger	(mögliche) Ursache
1.	4. Mai	Der Hund hat auf den Teppich gemacht.	Er war versehentlich eingesperrt in der Wohnung.
2.	4. Mai/ 12.30	Die Nachbarn waren laut.	Sie haben gestritten, weil die Tochter das Auto des Vaters genommen hat.
3.	5. Mai/ 7.00	Die Zeitung war nicht im Briefkasten.	Weiß ich nicht.

Aus der Ferne betrachtet

Sie haben nun sicherlich eine recht umfangreiche Ärger-Sammlung angelegt. Jetzt geht es darum, einmal »aus der Ferne« (das heißt hier: mit gewissem zeitlichen Abstand) zu betrachten, wie es um Ihren Ärger steht. Die Sammlung verschiedener Ärgernisse muß nun analysiert und interpretiert werden.
Dabei sollen Antworten auf diese Fragen gefunden werden:
1. Was geht mir eigentlich im täglichen Leben durch Ärger verloren an: Lebensfreude, Zeit, körperlicher und seelischer Kraft, Liebe und Freundschaft?
2. Was sind meine speziellen Risikofaktoren? Ärgere ich mich
    ☐ zu speziellen Tageszeiten,
    ☐ an speziellen Orten,
    ☐ während bestimmter Wetterbedingungen,
    ☐ bei bestimmten Themen in Gesprächen,

- in bestimmten Situationen,
- über bestimmte Menschen oder »Menschentypen«,
- über ganz bestimmte Lebensumstände (mein Job, meine Ehe, meine Vergangenheit…)?

Wer und was kann mich (wann und wie) verärgern?
3. Welcher Ärger ist – »sachlich« und nachträglich betrachtet – eigentlich belanglos und von mir übertrieben empfunden?
Welcher Ärger ist berechtigt?
4. Welcher Ärger hätte vermieden werden können? Welchen Ärger kann ich in Zukunft vermeiden?

Gehen Sie jetzt noch einmal von Anfang an durch Ihre Ärger-Sammlung, und überlegen Sie bei jedem der Einträge: Wie hätte ich dem Ärger ausweichen können? Ganz wichtig: Sie sollen nicht darüber nachdenken, was andere Menschen hätten tun oder lassen sollen, damit Sie keinen Zorn bekommen hätten. Die anderen Menschen sind nun einmal wie sie sind und werden wohl auch so bleiben. Aber: Hätten Sie sich besser auf die »Schwächen« oder »Fehler« Ihrer Mitmenschen einstellen können? Hätten Sie sich selbst besser »im Griff« haben können? Hätten Sie bestimmte Situationen oder Gesprächsthemen meiden können?…

Legen Sie jetzt in Ihrem Heftchen eine neue Tabelle an:

Nr.	So hätte ich es vermeiden können:	So mache ich es in Zukunft:

In der Spalte »Nr.« tragen Sie jeweils die laufende Nummer Ihrer Ärger-Sammlung ein. Unter dem Satz »So hätte ich es vermeiden können«, tragen Sie Ihre Ideen ein, wie Sie dem konkreten Ärger auch hätten aus dem Weg gehen können. Was würden Sie tun, könnten Sie mit dem Wissen von heute die Uhr noch einmal zurückdrehen (vor die Ärger-Situation)? Unter »So mache ich es in Zukunft«, können Sie Ihre Ideen eintragen, wie Sie sich bei ähnlichen Situationen in Zukunft verhalten wollen.

Nach einiger Zeit der Überlegung könnte Ihre Tabelle so aussehen:

Nr.	So hätte ich es vermeiden können:	So mache ich es in Zukunft:
1.	Ich hätte prüfen müssen, ob der Hund draußen ist.	Ich habe ein Schild an die Tür geklebt: »Wo ist der Hund?« So denke ich daran.
2.	Den Lärm konnte ich nicht vermeiden. Aber ich hätte nicht am Fenster stehen und lauschen müssen.	Ich gönne ab sofort meinen Nachbarn das Recht, sich zu streiten, ohne daß ich sie belausche.

So ist Ihre Ärger-Sammlung zu einer Ideen-Sammlung geworden. Sie haben für jeden Einzelfall überlegt, wie Sie sich besser oder vernünftiger oder listiger oder liebevoller oder selbstbewußter etc. hätten verhalten können.

Werden Sie nicht mutlos, wenn Sie das Gefühl haben: Das habe ich schon so oft probiert, und nie gelingt es mir, dem Ärger auszuweichen. Das geht fast allen Menschen so mit ihren »guten Vorsätzen«. Bei Ihnen wird es allerdings nicht bei guten Vorsätzen bleiben. Sie sind soeben dabei, sich in eine ganz praktische Anti-Ärger-Strategie einzuarbeiten. Dadurch wird sich für Sie sehr wohl etwas ändern!

Sie werden jedoch auch mit einer Anti-Ärger-Strategie nicht alles auf einmal ändern können. Zunächst hat die Ideen-Sammlung Ihre Phantasie angeregt, sich die bessere Möglichkeit – die ärgerfreie – auszumalen. Außerdem stellen Sie fest, daß es vielleicht ganz bestimmte Ärger-Anlässe gibt, die Sie

schnellstens bereinigen sollten und solche, mit denen Sie getrost noch eine Weile leben können.
Gehen Sie nun Ihre Ärger-Sammlung noch einmal durch. Prüfen Sie gezielt, was immer wieder Ärger verursacht:

- Sind es bestimmte Ereignisse, die in ähnlicher Form immer wieder auftreten?
- Ist es das eigene Verhalten, das Sie möglicherweise sogar schon oft aufgeben wollten und das Ihnen doch immer wieder »passiert«?
- Ist es das Verhalten anderer Menschen?
- Sind es bestimmte Personen, die wie »rote Tücher« auf Sie wirken? Wie eng müssen Sie mit diesen Personen zusammenleben oder - arbeiten?
- Müssen Sie bestimmte Tätigkeiten, die Ihnen den Nerv rauben, immer wieder ausüben?
- Sind es Gesprächsthemen (Politik, Kindererziehung, Benehmen, Religion etc.), bei denen Sie »in die Luft gehen«?

Prüfen Sie auch einmal dieses:
- Liest sich meine Ärger-Sammlung wie ein Sünden-Register über andere Personen?
  Kann es sein, daß ich ein Mensch bin, der seine Umwelt viel zu intensiv beobachtet und viel zu streng beurteilt? Fehlt es mir an Achtung oder Wertschätzung oder Nächstenliebe oder Großzügigkeit gegenüber anderen Menschen? Ist es vielleicht so, daß andere Menschen mich »ärgern«, weil sie mich nicht ernst nehmen, mich nicht mögen oder nicht respektieren? Lasse ich mir zuviel »auf der Nase herumtanzen«? Könnte es anderen Spaß machen zu beobachten, wie ich »auf die Palme« gehe?
- Liest sich meine Ärger-Sammlung wie ein Sünden-Register über mich selbst?
  Wie steht es mit meinem Selbstwertgefühl? Wie stark ist meine Willenskraft?

Nun gehen Sie noch einmal Ihre Ärger-Sammlung durch. Punkt für Punkt prüfen Sie jeden Eintrag unter diesem Aspekt: Wer hat sich außer mir auch noch geärgert? Fragen Sie sich:

- Als ich mich geärgert habe, war ein anderer Mensch gleichzeitig auch verärgert? Warum? Gab es Streit? Habe ich mich »gerächt«? Habe ich jemanden »bestraft«?
- Habe ich meinen Ärger anderen mitgeteilt? Habe ich einen anderen Menschen mit meinen Problemen belastet?
- Wie kann ich in Zukunft verhindern, daß mein Ärger auch noch zum Ärger für andere wird?
- Habe ich mir den Ärger anderer Leute »aufhalsen« lassen?
- Wie kann ich in Zukunft verhindern, daß mich der Ärger anderer belastet?

Sie müssen noch nicht sofort konkret Ihre Ideen in die Tat umsetzen. Wahrscheinlich haben Sie so viele Ideen, daß Sie im Moment nicht einmal wüßten, wo Sie anfangen sollten. Lassen Sie Ihre Phantasie spielen:

- So wäre es viel schöner für mich.
- So würde ich es gerne haben.
- Das könnte ich tun.

Werfen Sie Ihre Ärger-Sammlung noch nicht weg. Sie brauchen sie noch für den nächsten Schritt auf dem Weg zu einem »entärgerten« Leben.

Ordnung und Überblick

Sie haben Ihre Ärger-Sammlung noch zur Hand. Sie haben sich inzwischen auch sehr gründlich mit dem gesammelten

Ärger befaßt. Fassen Sie nun den Entschluß: Ab heute wird es anders. *Heute.* Nicht morgen oder nach dem 1. Januar oder »sobald ich Zeit habe«. Heute ist der Tag, an dem Sie mit der »ent-ärgerten« Zukunft anfangen.

Gehen Sie nun noch einmal durch Ihre Ärger-Sammlung. Streichen Sie jeden Eintrag über den Sie sagen: Diese Bagatellen werden mich nie wieder ärgern. Betrachten Sie nun den Rest der Liste. Löschen Sie die Einträge, über die Sie sagen: Das lasse ich mir nie wieder bieten. Von dem, was nun noch übrig ist, streichen Sie diejenigen Einträge, über die Sie sagen: Das tue ich nie wieder. Was steht jetzt noch auf der Liste? Egal. Werfen Sie die Liste weg. Bei den Einträgen Ihrer Ärger-Sammlung handelt es sich doch längst um alte Kamellen. Weg damit. Streichen Sie die Erinnerung an die Einträge aus Ihrem Gedächtnis (damit Sie in Ihrem Bewußtsein keine Denkmäler negativer Ereignisse aufbauen).

Lassen Sie sich für das Folgende ein paar Tage Zeit. Legen Sie eine neue Liste an. Jetzt geht es nicht mehr darum, ganz bestimmte Ärger-Situationen festzuhalten. Schreiben Sie als Überschrift über die neue Liste: Das sind die Ärgerlichkeiten meines Lebens. Tragen Sie im Lauf der nächsten Tage alles ein, was für Sie regelmäßiger und belastender Ärger ist. Unterscheiden Sie nicht nach »berechtigtem« oder »unberechtigtem« Ärger. Es ärgert Sie, und das reicht. Nach einigen Tagen kann Ihre Liste zum Beispiel so aussehen:

Das sind die Ärgerlichkeiten meines Lebens:
- Meine Kinder knallen pausenlos die Türen zu.
- Ich hasse meinen Beruf.
- Die Leute in unserer Stadt halten sich nicht an die Verkehrsregeln.
- Der Papst ist Schuld an der Überbevölkerung.
- Die Politiker sagen, wir sollen teilen und schieben sich selbst ständig das dicke Geld in die Taschen.

- Unser Sohn ist ein fauler Schüler.
- Die interessanten Spielfilme werden immer erst um Mitternacht gesendet.
- Die schrecklichen Werbespots verderben jeden spannenden Film.
- Mein Partner vergiftet mir mit seinem Qualmen die Atemluft.
- Ich habe Pickel.
- Mein Partner ist spielsüchtig und macht Schulden.
- Ich verdiene weniger als meine Kollegen in der gleichen Position.
- Ich kann die Formulare von den Stadtwerken nicht verstehen.
- Die Hausverwaltung läßt seit Monaten nicht die Regenrinne reparieren.
- Es regnet in unserem Land viel zu oft.
- Mein Partner will jeden Urlaub in den Bergen verbringen, und ich muß dann mit.
- Mein Kollege holt sich täglich eine Currywurst und wirft die stinkende Pappe nach dem Essen in den Papierkorb unter seinem Tisch. Er sagt, das sei sein Recht, weil es »sein« Papierkorb ist. Aber es stinkt doch im ganzen Raum!
- Die Preise für die öffentlichen Verkehrsmittel steigen ständig.
- Obwohl ich jeden Tag in der Sonne liege, werde ich nicht braun.
- Die Nachbarn lassen ihre Hunde auf unserem Rasen Häufchen setzen.
- Ich habe keinen akademischen Titel und werde nun bei Beförderungen übergangen.
- Mein geschiedener Partner verwöhnt die Kinder mit Süßigkeiten und schenkt ihnen ständig Geld.

Diese Beispiele sollen genügen. Ihre Liste wird viel länger sein. Sprechen Sie gar nicht mit anderen Menschen über Ihre Einträge. Vieles, was Sie aufgeschrieben haben, würde vielleicht den Spott anderer erregen: Wie kann man sich über sowas bloß ärgern! Andere Reaktionen mögen Tröstungsversuche sein wie: Aber du hast doch gar keine Pickel! Vielleicht versucht man auch, Ihnen mit moralischen Appellen zu kommen: Denk an die vielen Menschen, denen es viel schlechter geht. Manche Reaktion kann auch für sich genommen ärgerlich sein: Das ist deine eigene Schuld. Löffel die Suppe gefälligst aus, die du dir eingebrockt hast. – Wie auch immer, zeigen Sie Ihre Liste keinem Menschen. Sie ist die Basis Ihrer persönlichen Anti-Ärger-Strategie.

Wenn Sie das Gefühl haben, alle wichtigen Ärgerlichkeiten Ihres Lebens in der Liste erfaßt zu haben, dann sollten Sie sich wieder ein paar Tage Zeit nehmen für die folgende Aufgabe. Zunächst teilen Sie die Ärgerlichkeiten in zwei Gruppen. Die eine Gruppe umfaßt alles, was Sie ändern können, und die andere alles, was Sie nicht ändern können. Nehmen Sie sich dazu die Liste mit den Ärgerlichkeiten Ihres Lebens vor. Schreiben Sie ein »J« (für Ja) vor die änderbaren und ein »N« (für Nein) vor die von Ihnen nicht änderbaren Ärgerlichkeiten.

Im nächsten Schritt teilen Sie die mit »J« markierten Einträge noch einmal nach: Will ich ändern. Und: Will ich nicht ändern. Dazu markieren Sie bei dem, was Sie ändern wollen jeweils das »J« mit einem Kreis.

Im nächsten Schritt geht es darum, die Ärgerlichkeiten, die Sie ändern können und ändern wollen danach einzuteilen, ob Sie sich jetzt oder später daran machen wollen. Versehen Sie dazu die eingekreisten »J« mit einem Ausrufezeichen.

Die folgende Skizze zeigt Ihnen im Überblick, wie Sie Ihre Ärgerlichkeiten logisch eingeteilt haben.

Für die Ärgerlichkeiten, die Sie gar nicht ändern können, und für die, die Sie nicht ändern wollen, müssen Sie über-

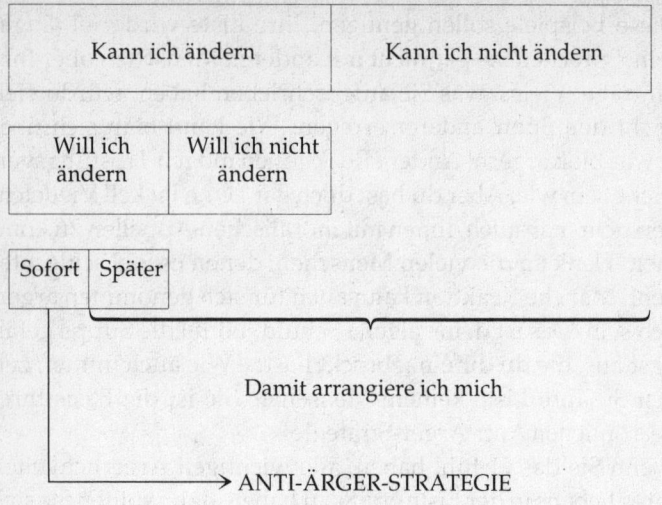

→ ANTI-ÄRGER-STRATEGIE

legen, wie Sie sich damit arrangieren wollen. Es darf einfach nicht mehr an Ihren Nerven zerren. Der Ärger als solcher mag bestehen bleiben, aber Sie müssen einen Weg finden, damit so zu leben, daß es Sie nicht mehr unnötig belastet.

Ich denke an meine Schulfreundin Angelika. Sie hatte als Kind durch einen Unfall die rechte Hand fast ganz verloren. Nur der Daumen blieb als bizarre Verlängerung des Arms übrig. Man kann sich vorstellen, wie Angelika sich tagein, tagaus ärgerte, wenn Fremde ihren Handrest anstarrten und womöglich auch noch offen Abscheu zeigten. Angelika war achtzehn Jahre alt – im besten »Flirtalter« –, als sie vor der Wahl stand: Verzweifeln oder neuen Lebensmut fassen.

Ich hoffe, daß Ihre unabänderbaren Ärgerlichkeiten nicht so tragisch sind. Trotzdem. Es gibt Menschen, die ärgern sich ein Leben lang, weil sie im Sommer nicht braun werden, weil sie zu klein sind, weil sie aus anderen Gründen nicht so aussehen, wie es das Schönheitsideal vorsieht. Damit sollte man sich – wenn keine Schönheitsoperation in Frage kommt –

wirklich abfinden. Es ist einfach sinnlos verschwendete Lebensenergie, sich darüber zu ärgern.

Auch bei den Dingen, die man täglich in der Zeitung liest, gilt es zu unterscheiden: Kann ich etwas ändern oder nicht? Wenn Sie nichts ändern können, dann kann auch »Betroffenheit« nichts ausrichten. Es kann Ihnen höchstens das Pharisäergefühl geben: Wie schön, daß ich nicht so schlecht bin wie die Menschen, über deren böse Taten ich täglich lese.

Vielleicht gibt es Dinge, die Sie ab sofort konsequent aus Ihrem Bewußtsein streichen sollten, sobald die Gedanken wieder dahin wandern und Ihnen die Laune verderben. Ich habe zum Beispiel eine Tante, die sich nach mehr als dreißig Jahren noch darüber »giften« kann, daß sie als junge Frau bei einem Erbfall von ihrem raffinierten Bruder ausgespielt wurde. Sie hat es nie gelernt, diese Niederlage zu verwinden. Wer meiner Tante den Tag verderben will, braucht sie bloß nach dem Wohlbefinden ihres Bruders zu fragen. Was hat der Ärger ihr gebracht? Kein Geld und schlechte Laune.

Nicht jeder Ärger, den wir ändern könnten, wollen wir – wenn wir es recht bedenken – dann auch wirklich ändern. Das kann verschiedene Gründe haben. Vielleicht stellt es sich als zu mühselig heraus, sich dafür anzustrengen. Vielleicht würde die Beseitigung des Ärgers auch gleichzeitig die Beseitigung von bestimmten Freuden bedeuten. Ich kann mich zum Beispiel über meine Segelohren ärgern. Das Problem ließe sich lösen. Jedoch schaudert mir bei dem Gedanken an eine Operation mit Spritzen und sonstigen Schrecklichkeiten. Gut, dann entscheide ich mich dafür, ab sofort in Frieden mit meinen Ohren zu leben. Schluß mit dem Ärger!

Das sollten Sie sich auch angewöhnen: Hören Sie auf, über Ärger zu »lamentieren«, den Sie hätten abstellen können aber nicht abgestellt haben.

Vor einigen Jahren lebte ich in einem Mietshaus, in dem es jeden Donnerstag gegen Abend fürchterlich im Treppenhaus

zu stinken begann. Der Gestank dauerte bis Freitagabend. Auf dem Stockwerk unter mir lebte eine alte Dame mit vier Katzen. Diese Dame ließ sich – da sie selbst das Haus nicht mehr verlassen konnte – von ihrer Nichte jeden Donnerstag Fisch für die Tiere bringen. Am Freitag kam die Nichte wieder, säuberte das Katzenklo und beseitigte die Fischreste.
Ein Mieter ließ durch seinen Anwalt feststellen, daß die Geruchsbelästigung nicht hingenommen werden mußte. Wir waren uns alle seit Monaten einig, daß es einfach schrecklich war, durchs Treppenhaus zu gehen. Aber dann brachte es von uns doch niemand fertig, der alten Dame das Herz zu brechen, indem man ihr verbot, ihren Lieblingen (sie nannte die Katzen »meine Kinder«) weiterhin Fisch zu kredenzen. Also verzichteten wir auf weitere Zornesgedanken und ertrugen jede Woche einmal den Gestank.
Wie ist es mit Ärger über soziale Mißstände, über »die Politik«, über die Umweltverschmutzung etc.? Wir können vielleicht nicht die Situation grundlegend verändern, aber wir können uns engagieren. Wir können einer Partei beitreten, uns einer Bürgerinitiative anschließen, Gleichgesinnte suchen...
Das müssen wir auf jeden Fall tun: Wir müssen uns entscheiden, ob wir etwas gegen die Ärgerlichkeiten tun wollen oder ob wir es lassen wollen. Wenn wir uns entschieden haben, an einem Ärgernis nichts ändern zu wollen, dann gilt dafür das gleiche wie für den Ärger, den wir nicht ändern können. Wir müssen lernen, damit so zu leben, daß es in Zukunft unsere Lebensfreude nicht mehr verdirbt. Bedenken Sie jedoch auch, daß es das Gewissen belasten kann, wenn wir uns aus Bequemlichkeit oder mangelnder Zivilcourage nicht für Verbesserungen einsetzen, wo es nötig ist. Ein schlechtes Gewissen ist mindestens so schädlich wie Ärger.
Sie haben in Ihrer Einteilung den Ärger markiert, den Sie ändern können und auch ändern wollen. Wahrscheinlich ist

es mehr, als Sie auf einmal in Angriff nehmen können. Ordnen Sie diese Ärgerlichkeiten in einer neuen Liste in der Reihenfolge an, in der Sie die Probleme angehen möchten. Vielleicht kümmern Sie sich zuerst um den Ärger, der Sie am meisten belastet. Vielleicht ziehen Sie es auch vor, mit dem Ärger zu beginnen, der sich am leichtesten beseitigen läßt.
Ich empfehle die zweite Alternative, denn das gibt Ihnen die Möglichkeit, an vergleichsweise »einfachen« Problemen die Anti-Ärger-Strategie zu üben, bevor Sie sich an die »großen« Probleme heranwagen. Außerdem macht es mehr Spaß, schnell die ersten Erfolge zu erleben. Das gibt auch Mut für die nächsten Vorhaben.
Folgendes sollten Sie jedoch heute noch tun: Machen Sie es schriftlich. Schreiben Sie eine Liste mit Ihren Problemen, und zwar in der Reihenfolge, wie sie »drankommen« sollen. Diese Liste ist wie ein Vertrag. Um es wirklich zu einem Vertrag zu machen, tragen Sie neben das erste Problem zwei Daten ein:

☐ Dann fange ich an:
☐ Dann habe ich es erledigt:

Wie in den vorigen Kapiteln bereits beschrieben, werden Sie Ihre Ziele (was Sie erreichen wollen) für das erste Problem entwickeln. In welchen Schritten Sie vorgehen können, das wird im nächsten Kapitel beschrieben.
Überfordern Sie sich nicht. Es macht keinen Sinn, gleich auf Anhieb das ganze Leben verändern zu wollen. Beseitigen Sie erst einmal nur *einen* Ärger aus Ihrem Leben. Das reicht zunächst. Wenn Ihnen das gelungen ist, kommt der zweite, dann der dritte...
Lesen Sie zunächst das folgende Kapitel über das »6+1«-Modell durch. Gleichzeitig lassen Sie Ihre Gedanken immer wie-

der zu Ihrem »ersten« Ärger wandern. Fast wie von selbst werden Ihnen beim Lesen die Ideen zufliegen, wie Sie Ihr Vorhaben in die Tat umsetzen können.

Die »6+1«-Strategie: Sechs Schritte aus dem Ärger und einer zur Lebensweisheit

In diesem Kapitel sollen die Schritte beschrieben werden, die Sie gehen werden, um Ihr Ziel oder Ihre Ziele bei der Anti-Ärger-Strategie zu erreichen. Im Grunde sind es die gleichen Schritte (oder »Phasen«), die in Unternehmen den Weg eines Projekts (Entwicklung einer neuen DV-Anwendung, Bau einer neuen Filiale, Einführung eines neuen Produkts etc.) beschreiben.

Auf folgende Themen soll hier nicht eingegangen werden:
- Ziele (siehe S. 101ff.)
- Pläne (siehe S. 137ff.)

Lesen Sie zunächst dieses Kapitel und das folgende ganz durch. Kommen Sie dann zurück, und gehen Sie nach der »6+1«-Strategie vor.

Bei Ihrem Vorgehen während der Anti-Ärger-Strategie werden Sie immer wieder Ihre Ziele, Pläne und Einschätzungen von Risiken überprüfen müssen. Nach jedem Schritt sollten Sie sich fragen:
- Stimmen meine Ziele noch?
- Kann ich meine Ziele inzwischen genauer formulieren?
- Sind die Ziele noch realistisch?
- Will ich diese Ziele überhaupt noch erreichen?
- Muß ich meine Pläne ändern?
- Ist bisher alles nach Plan verlaufen?
- Ist es sicher, daß meine Pläne wirklich zum Ziel führen?

- Sind Probleme oder unerwartete Ereignisse bei meiner Vorgehensweise aufgetaucht?
- War meine bisherige Einschätzung von Gefahren und Risiken richtig?
- Habe ich Krisen bisher gut gemeistert?
- Sind neue Gefahren und Risiken abzusehen?
- Wie kann ich mich vorbereiten?
- Aus welchen Fehlern, die ich bisher gemacht habe, kann ich etwas lernen?

Bleiben Sie nicht stur bei Zielen oder Plänen. Seien Sie immer bereit, neue Erkenntnisse zu berücksichtigen. Werfen Sie jedoch nicht die Flinte ins Korn, wenn »alles anders kommt«, als Sie erwartet haben. Nehmen Sie sich ein Beispiel an einem Grashalm. Wenn der Wind weht, biegt er sich entsprechend. Er gibt jedoch nicht sein Ziel auf, dem Licht entgegenzuwachsen. Nehmen Sie sich jedoch kein Beispiel an einem Korken, der auf dem Wasser schwimmt und sich von dem Spiel der Wellen ziellos hin und her schaukeln läßt.

Dieses sind nun die sechs Schritte aus dem Ärger und hin zum Ziel und der siebte, der Sie zur Lebensweisheit führt:

1. *Orientierung*

   Hier orientieren Sie sich sachlich über alle wichtigen Aspekte und Einflußfaktoren für Ihre Anti-Ärger-Strategie. Gehen Sie den folgenden Fragen nach:
   - Was ist das Problem?
   - Welche Aspekte spielen in der Sache eine Rolle?
   - Welche Lösungsmöglichkeiten sind denkbar?
   - Mit welchen Personen und Sachverhalten muß ich mich auseinandersetzen?
   - Wie sind meine Gefühle bezüglich dieses Problems?
   - Warum will ich etwas ändern?
   - Welche Konsequenzen wird meine Strategie für mich und für andere Menschen haben?

- Welche unbekannten Faktoren mögen wichtig sein? Wer kann mich informieren? Wo kann ich Hinweise und Hilfe bekommen?
- Was könnte dem Erfolg meiner Anti-Ärger-Strategie im Wege stehen?
- Wie haben andere Menschen ein ähnliches Problem gelöst?

2. *Vergleich und Entscheidung*
Für fast jedes Problem sind mehrere Lösungsmöglichkeiten denkbar. In dieser Phase stellen Sie alle nur denkbaren Alternativen zusammen und vergleichen jede nach ihrem zu erwartenden Erfolg, den möglichen Risiken, den Kosten oder sonstigen Aufwänden (Zeit, Nerven, Arbeit etc.). Stellen Sie sich folgende Fragen:
- Welche realistischen Möglichkeiten habe ich, mein Problem zu lösen?
- Wie unterscheiden sich die verschiedenen Lösungsmöglichkeiten?
- Welches ist die beste Möglichkeit für mich?
- Entscheidung: Das werde ich tun.

3. *Zielbeschreibung*
Hier geht es darum, daß Sie sich innerlich ganz auf Ihr Ziel einstellen. Malen Sie sich aus, was genau Sie mit Ihrer Anti-Ärger-Strategie erreichen wollen.
- So soll es werden, wenn ich mein Ziel erreicht habe.

4. *Lösungsplanung*
Nachdem Sie sich für einen bestimmten Weg zur Lösung Ihres Ärger-Problems entschieden haben und auch schon über eine Beschreibung verfügen, wie es sein wird, wenn Sie bei Ihrem Ziel angekommen sind, gehen Sie jetzt daran, im Detail zu planen, wie Sie vorgehen werden. Jetzt schmieden Sie Ihre Pläne, an die Sie sich halten werden (siehe S. 137ff.).

- In dieser Form werde ich meinen Lösungsweg gehen.
- Das sind meine »endgültigen« Pläne.
  (Jede »bessere« Erkenntnis muß natürlich zu besseren Plänen führen.)

5. *Realisieruung*

   Jetzt tun Sie das, was Sie sich vorgenommen haben. Sie befolgen Ihre Pläne und verzichten auf Ausflüchte oder Ausreden vor sich selbst und auch auf das Aufschieben.
   - Ich setze die Pläne um und nähere mich konsequent meinem Ziel.

6. *Zielerreichung*

   Sie sind fertig. Die Pläne sind erfüllt. Sie haben erreicht, was Sie sich vorgenommen haben.
   - Geschafft: Ich habe erreicht, was ich wollte, und lebe nun mit der Lösung des Problems. Meinen Ärger bin ich los.
   - Brauche ich neue Ziele? Gibt es neue Probleme oder Ärgerlichkeiten oder Risiken?
   - Kann ich nun bei einem anderen Ärger meiner Liste mit der »6+1«-Strategie beginnen?

7. *Reflexion der Erfahrungen*

   Dies ist der Schritt, der Sie zur echten Lebensweisheit führt. Der Unterschied zwischen »Altersweisheit« und »Vergreisung« ist oft darin begründet, *wie* ein Mensch alt wird. Der eine reflektiert die gemachten Erfahrungen und lernt ständig hinzu. Der andere wird einfach nur täglich älter.

   Wenn Sie Ihre Anti-Ärger-Strategie abgeschlossen haben, nehmen Sie sich noch einmal die Zeit zum Zurückblicken:
   - War das, was ich getan habe, erfolgreich?
   - Bin ich zufrieden?
   - Was habe ich gelernt?
   - Waren meine Ziele und Pläne sinnvoll und zweckmäßig?

Die regelmäßige Prüfung der Ziele und Pläne nach jedem Schritt während der Anti-Ärger-Strategie sollten Sie auf keinen Fall unterlassen. Nehmen Sie sich die Zeit. Es ist leichter, sich in Ruhe auf ein mögliches Problem oder eine mögliche Panne vorzubereiten, als in der Krise schnell einen guten Ausweg zu finden.
Jetzt folgt eine gründlichere Beschreibung der einzelnen Schritte der »6+1«-Strategie. Im Kapitel 7 sollen einige Beispiele die Durchführung der Anti-Ärger-Strategie veranschaulichen. Sie werden sicherlich durch die Beispiele angeregt, weitere Ideen für Ihr Vorgehen zu entwickeln.

1. Orientierung
Zuerst legen Sie fest, wie lange die Orientierung dauern soll. Setzen Sie sich selbst das Datum, bis wann die Ergebnisse dieses Schrittes Ihrer Anti-Ärger-Strategie vorliegen müssen. Die Orientierung ist die erste inhaltliche Auseinandersetzung mit dem zu lösenden Problem.
- Worum geht es überhaupt?
- Wer kann mir helfen?
- Welche möglichen Probleme können auftreten?
- Welche Lösungen sind denkbar?
- Wo kann ich mehr erfahren?
- Wer hat mit einem ähnlichen Problem Erfahrungen? Kann ich mir dabei etwas zum Vorbild nehmen?

Bei der Orientierung geht es darum, daß Sie versuchen, soviel wie nur irgend möglich über Ihr Problem und all seine Aspekte zu erfahren. Sie sollten sich auch mit dem jeweiligen Charakter jener Menschen auseinandersetzen, mit denen Sie es bei Ihrem Vorhaben zu tun haben werden:
- Wer könnte gegen meine Ziele oder Pläne sein?
- Sind die Menschen, deren Unterstützung ich brauche, zuverlässig? Wissen sie, was ich von ihnen erwarte?

- Sind die Tips und Ratschläge der anderen für mich sinnvoll? Sind die anderen bereit, mich wirklich nach bestem Wissen zu beraten?
- Habe ich darauf geachtet, wo und wie die Unterschiede zwischen den Erfahrungen der anderen mit ihren Problemen und meinem Problem sind?
- Wen kann ich zusätzlich fragen?

Fragen Sie lieber zuviel und zu oft als zuwenig. Je mehr unterschiedliche Ansichten und Ratschläge Sie hören, desto mehr Möglichkeiten für Ihr Vorhaben können Sie herausfiltern. Es gilt jetzt ganz besonders der Merksatz: »Wer nicht fragt, bleibt dumm.« Fragen Sie andere Menschen, schauen Sie in Buchläden nach spezieller Literatur zu Ihrem Problem...

Folgendes sollte das Ergebnis Ihrer Orientierung sein:
- Sie haben fachlich und sachlich einen guten Überblick über alle Aspekte Ihres Ärgers.
- Sie kennen verschiedene Möglichkeiten zur Lösung Ihres Problems.
- Sie wissen weitgehend, welche Konsequenzen Ihr Vorhaben nach sich ziehen kann.

Beispiel: Sie ärgern sich über Ihre viel zu enge Wohnung. Nach der Orientierung kennen Sie den Wohnungsmarkt Ihres Heimatorts, haben Ihre Finanzkraft und Ihre Kreditmöglichkeiten herausgefunden und über Ihre besonderen Wünsche und über die Ihrer Familie nachgedacht. Sie unterscheiden bereits einige der verschiedene Möglichkeiten zur Problemlösung:
- »Entrümpeln« der bisherigen Wohnung und neue Aufteilung der Räume
- Mieten einer größeren Wohnung
- Kauf einer Wohnung
- Bau eines eigenen Hauses

Nach der Orientierung sind Sie »Wohnungs-Profi«. Sie machen sich am Ende der Orientierung noch einmal Gedanken, ob sich durch Ihren inzwischen erweiterten Sachverstand etwas an den bisherigen Zielen und Plänen (falls Sie so früh bereits konkrete Ziele und Pläne hatten) etwas geändert hat. Gibt es Risiken, an die Sie bisher gar nicht gedacht haben?
Nach der Orientierung geht es mit dem nächsten Schritt weiter. Wieder legen Sie zunächst das Datum fest, wann die Ergebnisse vorliegen werden.

2. Vergleich und Entscheidung

In der Orientierungsphase haben Sie herausgefunden, daß es verschiedene Möglichkeiten gibt, Ihrem speziellen Ärger zu Leibe zu rücken. Welche Möglichkeit ist jedoch die beste für Sie? Stellen Sie nun die verschiedenen Lösungswege nebeneinander, und vergleichen Sie sorgfältig jeden nach folgenden Aspekten:

- Wie realistisch ist diese Lösung? Welche Erfolgschancen habe ich?
- Was würde das Ergebnis dieser Lösung sein?
  im besten Fall
  im schlimmsten Fall
  im wahrscheinlichsten Fall
- Was würde es kosten?
  materielle Kosten: Geld, Material…
  immaterielle Kosten: Freundschaften, Streß…
- Wieviel Zeit würde diese Lösung in Anspruch nehmen?
- Welche Vorteile hat diese Lösung?
- Welche Nachteile muß ich in Kauf nehmen?

Denken Sie bei den Vor- und Nachteilen auch daran, wie Sie sich jeweils dabei fühlen würden. Berücksichtigen Sie »irrationale« Gründe ebenso sorgfältig wie die »rationalen«.

Was ist mit den Gefühlen anderer Menschen? Können die Gefühle und Einstellungen der anderen auf Ihr Vorhaben Einfluß nehmen?
Während des Vergleichs sollten Sie im Geiste jede der Lösungsvarianten ganz realistisch und im Detail bis zum Ende in Gedanken durchspielen. Das Ergebnis des zweiten Schrittes ist Ihre Entscheidung für einen bestimmten Lösungsweg:

☐ Das ist für mich die beste Lösung meines Problems.
☐ So werde ich mir meinen Ärger vom Hals schaffen.

Ringen Sie sich nach der Untersuchung und dem Vergleich wirklich zu einer Lösung durch. Ich kenne sehr viele Menschen, die jahrelang vor sich hinjammern. Oftmals schwelgen sie förmlich in Selbstmitleid. Manchmal sagen sie, daß sie ganz bestimmt ganz bald etwas ganz Richtiges tun werden… Aber wenn ich diese Menschen wiedertreffe, dann jammern sie immer noch.

Jammern ist sicherlich leichter als das aktive Lösen von Problemen. Trotzdem. Wenn Sie sich entschlossen haben, Ihrem Ärger ein Ende zu machen, und wenn Sie sich sogar schon genau überlegt haben, welche Möglichkeiten der »Ent-Ärgerung« Ihnen offen stehen, dann sollten Sie wirklich Ihr Vorhaben in die Tat umsetzen.

> **Merksatz:**
> »Eine schlechte oder falsche Entscheidung ist besser als gar keine Entscheidung.« Weil: »Keine Entscheidung ist auch eine Entscheidung.« Nämlich die, mit dem Ärger weiterzuleben. Also: »Nur den Mutigen gehört die Welt.«

Beispiel: Sie ärgern sich über Ihren Ehepartner. Sie haben im Geiste alle denkbaren Alternativen durchgespielt:

- Offensiv mit dem Partner die Probleme angehen. Ihm/Ihr auch deutlich machen: Wenn Du Dich weigerst, unsere Probleme mitzulösen, werde ich nicht mehr bereit sein, mir den »Rest« meines Lebens durch Dich vermiesen zu lassen.
- Eheberatung aufsuchen (und obige Botschaft an den Partner)
- Stillschweigend den Ärger ertragen und »als Entschädigung« einen Liebhaber/eine Geliebte nehmen.
- Aus der gemeinsamen Wohnung ausziehen und abwarten, wie der Partner darauf reagiert.
- Scheidung
- Nichts tun und auf lange Witwenschaft hoffen
- Vergiften

Nun ja, es gibt etliche vernünftige und unvernünftige Möglichkeiten. Auf jeden Fall: Entweder Sie tun etwas für Ihre Nerven, oder Sie hören auf, sich über den »bösen Ehepartner« zu beklagen.

Wenn Sie für Ihre Anti-Ärger-Strategie eine Entscheidung getroffen haben, sollten Sie noch einmal überlegen:
- Muß ich meine Zielvorstellungen den neuen Erkenntnissen entsprechend anpassen?
- Sind Pläne zu ändern?
- Gibt es Risiken und mögliche Gefahren?

3. Zielbeschreibung

In diesem Schritt wird so genau wie nur irgend möglich beschrieben, wie die Situation sein soll, wenn die Anti-Ärger-Strategie abgeschlossen ist. Malen Sie sich detailliert und realistisch aus: »So wird es für mich sein, wenn ich die sechs Schritte hinter mir habe.« Sie nehmen jetzt geistig das Erreichen der Ziele Ihrer Bemühungen voraus. In Ihrer Vorstellung wird der Erfolg schon zur Wirklichkeit.

Im Grunde geht es jetzt darum, ganz genau die endgültigen Ziele der Anti-Ärger-Strategie zu formulieren. An diesen Formulierungen werden Sie später messen können, ob Sie erfolgreich waren mit Ihrer Strategie oder nicht.

Die Ergebnisse Ihrer Zielbeschreibung sind
☐ genau (»meßbar«) formulierte Ziele
☐ genau beschriebener Zustand nach dem erfolgreichen Abschluß der Anti-Ärger-Strategie.

Zum Schluß prüfen Sie wieder, ob sich durch neue Erkenntnisse irgend etwas an den bisherigen Plänen ändern muß.
Beispiel: Sie ärgern sich über Ihre Wohnung. Da Sie sich ja bereits entschieden haben, auf welchem Wege Sie zu einer besseren Unterkunft kommen wollen, sollten Sie sich jetzt genau ausmalen, wie diese aussehen soll (sonniges Wohnzimmer, mindestens einen abgeschlossenen Arbeitsbereich für Schreibtisch und Regal, Bad mit Dusche und eigene Gästetoilette, Einkaufsmöglichkeiten in der Nähe...).

4. Lösungsplanung
Jetzt liegt der Schwerpunkt der Aktivitäten bei der endgültigen Festschreibung der Pläne (lesen Sie zunächst S. 137ff.). Sie legen jetzt fest, was, wann, und wie und womit Sie etwas tun werden, um Ihre Ziele zu erreichen.
Beispiel: Sie ärgern sich über Ihr Gewicht. Sie haben sich für eine Abmagerungskur entschieden und sehen sich selbst bereits mit schlanker Figur. Jetzt schreiben Sie auf, was Sie täglich essen wollen, was Sie entsprechend einkaufen wollen, woher die notwendigen Vitamine und Mineralien etc. kommen sollen, in welchen Abständen Sie Ihr Gewicht kontrollieren werden und wie Sie »Ausrutscher« (beispielsweise bei Einladungen) vermeiden oder ausgleichen können.

Beispiel: Sie ärgern sich über Ihren Beruf und haben sich für eine Weiterqualifizierung und einen nachfolgenden Berufswechsel entschieden. Nun legen Sie fest, wie Sie das Ziel der Weiterqualifizierung und den neuen Job erreichen werden. Was muß bis wann getan sein?
Das Ergebnis der Lösungsplanung ist eine genaue Vorgabe, die schnurgerade zum angestrebten Ziel führt. Auch jetzt prüfen Sie wieder, ob sich etwas geändert hat an Zielen oder Risiken. Gibt es neue Erkenntnisse, die unbedingt berücksichtigt werden müssen?

5. *Realisierung*

Jetzt werden die Pläne befolgt. Sie werden sicher feststellen, daß das der schwerste Teil der gesamten Anti-Ärger-Strategie ist. Das Planen macht nämlich meistens viel mehr Spaß als die »echte Anstrengung« des Tuns. Bei der Realisierung wird das getan, was die Pläne vorgeben. Wer abnehmen will, hört jetzt auf, wie gewohnt zu essen. Wer ein Haus bauen will, kauft jetzt das Grundstück und schließt Verträge ab. Wer sich scheiden lassen will, geht heute zum Anwalt. Wer einen neuen Job will, schreibt heute die erste Bewerbung...
Lassen Sie sich jetzt nicht wieder vom Ziel abbringen. Schieben Sie auch nicht die erste Umsetzung der Pläne auf. Sie haben bereits soviel überlegt und geplant und wieder umgeplant und noch einmal durchdacht... Wenn Sie jetzt die Realisierung vor sich herschieben, ist die Gefahr groß, daß Sie ganz den Mut verlieren und am Ende doch auf Ihrem alten Ärger sitzenbleiben. Umgekehrt darf die Begeisterung über die ersten Erfolge Sie nicht blind machen. Bleiben Sie stets hellwach und kritisch. Fragen Sie sich immer wieder:

☐ Ist das, was ich tue, richtig?
☐ Stimmen die Pläne noch? Sind sie noch sinnvoll?
☐ Bin ich mit meiner Realisierung noch im Plan (Zeitplan, Finanzplan etc.)?

- Führt mein Handeln wirklich zum Ziel?
- Sind meine Ziele noch sinnvoll und realistisch?
- Will ich die Ziele überhaupt noch erreichen?
- Gibt es bisher nicht erkannte Risiken oder neue Schwierigkeiten?
- Wer oder was behindert mich? Wie? Warum?
- Brauche ich weitere Hilfe oder Ratschläge?
- Gibt es noch unbekannte Faktoren, denen ich nachgehen sollte?

Befolgen Sie Ihre Pläne. Gehen Sie jedoch nicht stur voran. Wenn Sie durch neue Informationen erkennen, daß Sie Ihre Pläne ändern müssen, dann tun Sie das. Folgende Gründe dürfen Sie jedoch nicht dazu veranlassen, von Ihren Plänen abzuweichen: Faulheit oder Feigheit.

Sie wollen mit Ihrer Anti-Ärger-Strategie Erfolg haben (die Befreiung von bestehendem Ärger). Es genügt nicht zu wissen, was Sie tun müssen. Es genügt auch nicht, den »guten Willen« zu haben. Sie müssen die Anstrengung der Umsetzung – des Tuns – auf sich nehmen.

Kennen Sie den »Tempel des Erfolgs«?

Erfolg (erreichte Ziele)			
WISSEN	KÖNNEN	WOLLEN	TUN
Bejahende Einstellung			

Der Sockel des Tempels ist die grundsätzlich positive Einstellung zum Vorhaben. Nur Sie allein können sich selbst motivieren, Ihr Leben zu »ent-ärgern«. Lassen Sie sich niemals von anderen Menschen eine Anti-Ärger-Strategie aufschwatzen.

Die »Säule des Wissens« über alle Aspekte Ihres Problems bauen Sie hauptsächlich während der Orientierung auf. Sie wird im Verlaufe der Anti-Ärger-Strategie mit zunehmender Erfahrung und zunehmendem Fachwissen immer solider.

Die »Säule des Könnens« bauen Sie fast gleichzeitig oder etwas verzögert auf. Hier geht es darum, das theoretisch verstandene Wissen auch anwenden zu können. Probieren und üben Sie. Gönnen Sie sich Trainingszeit, wenn Sie im Rahmen Ihrer Anti-Ärger-Strategie neue Fähigkeiten und Fertigkeiten anwenden müssen.

Die »Säule des Wollens« wurzelt besonders fest im Sockel der bejahenden Einstellung. Auch wenn Sie manchmal enttäuscht werden, wenn Mißerfolge drohen, Ihnen den Spaß an der Anti-Ärger-Strategie zu verderben, wenn Ihnen zeitweilig das Ziel vor den Augen verloren geht... Stimmen Sie sich immer wieder selber ein: »Ich will es erreichen.«

Die vierte Säule ist diejenige, die bei sehr vielen Menschen vernachlässigt wird. Es ist die anstrengendste. Jetzt muß etwas getan werden. Manche nennen es den »inneren Schweinehund überwinden«. Es macht großen Spaß, sich auszumalen, wie schön das Leben ohne Ärger ist. Es macht weniger Spaß, aktiv etwas dafür zu tun. Denken Sie daran: Ziele, die nicht aktiv angestrebt werden, sind keine Ziele. Sie sind nur Wünsche und ihre Einlösung ist Glückssache. Bauen Sie während der Realisierungsphase die »Säule des Tuns«. Dadurch wird Ihr »Tempel des Erfolgs« vollständig.

6. Zielerreichung

Jetzt sind Sie da, wo Sie hin wollten. Wer eine neue Wohnung wollte, zieht ein. Wer abnehmen wollte, stellt auf der Waage das Zielgewicht fest. Wer sich mit den Nachbarn vertragen wollte, lädt sie jetzt vielleicht zum Kaffee ein. Wer sich über den alten Arbeitsplatz geärgert hat, tritt nun die neue Stelle an. Wer sich bisher über die Lebensweise, das Verhalten oder die Einstellungen anderer Menschen geärgert hat, kann nun lächelnd darüber hinwegsehen...
Sie sind da, wo Sie mit Ihrer Anti-Ärger-Strategie ankommen wollten. Ihre Zielbeschreibung beschreibt nun die Wirklichkeit. Herzlichen Glückwunsch! Vergessen Sie nun auf keinen Fall den siebten Schritt. Die ersten sechs Schritte haben Sie zum Erfolg geführt. Der siebte führt Sie nun zur Lebensweisheit.

7. Reflexion der Erfahrungen

Einer meiner Bekannten ärgerte sich über seine Frau. Nach etlichen Versuchen zur Rettung der Ehe gab es für ihn nur noch einen Weg zum Seelenfrieden: Scheidung.
Als Araber hatte er keine Ahnung von den deutschen Scheidungsgesetzen. Da er keine Orientierung durchführte, machte er sich vor dem Weg zum Anwalt nicht zum »Scheidungs-Profi«. Er tat das, was seiner Vorstellung von »gesundem Menschenverstand« entsprach. Er überschrieb seiner Frau das gemeinsame Haus als alleiniges Eigentum und glaubte, sich nun in aller Freundschaft aus dem Leben seiner bisherigen Gattin verabschieden zu können.
Groß war sein Erstaunen, als er erfuhr, daß der Verzicht auf seinen Anteil vom Haus keinesfalls reichte. Seine Frau stellte sich nämlich auf den Standpunkt, psychisch so angeschlagen zu sein, daß sie keinem Beruf nachgehen könne. Unterstützt von Schwager Willi (Facharzt für Nervenkrankheiten) und Cousine Erika (Anwältin) machte sie sich daran, ihren Lieb-

sten a.D. noch auf Jahre hinaus mit Unterhaltszahlungen zu belasten. Besonders gelungen war sicherlich auch die Begründung, sie brauche Geld von ihm, da der Unterhalt des Hauses so teuer sei.

Der nachfolgende Rechtsstreit kostete reichlich Zeit, Geld und Nerven. Als ich schließlich meinen Bekannten fragte, was er aus all dem gelernt habe, meinte er, es sei nicht notwendig, die Erfahrungen zu reflektieren. Er habe so »die Nase voll«, daß er sich nie wieder scheiden lassen werde.

Diese Einstellung ist falsch. Ganz unabhängig davon, ob Sie eine ähnliche Anti-Ärger-Strategie wieder einmal durchführen wollen oder nicht: Reflektieren Sie Ihre Erfahrungen. Setzen Sie sich in einer ruhigen Stunde hin und fragen Sie sich:

- Was wollte ich erreichen?
- Was habe ich erreicht?
- Welche Ursachen haben dazu geführt, daß das, was ich erreicht habe, nicht genau das ist, was ich erreichen wollte?
- Was ist mir besonders gut gelungen?
- Was ist mir weniger gut gelungen?
- Habe ich die Menschen und deren Reaktionen richtig eingeschätzt?
- Mit welchen Risiken habe ich gerechnet?
- Welche Probleme traten überraschend auf?
- Wie bin ich mit Schwierigkeiten fertiggeworden?
- Wenn ich mit der Erfahrung und dem Wissen von heute noch einmal von vorne anfangen könnte: Was würde ich anders machen?
- Welche Tips kann ich anderen Menschen geben, die ein ähnliches Vorhaben planen?

Sie werden sehen, daß diese Überlegungen Ihnen noch einmal viele gute und weniger gute Aspekte Ihrer Anti-Ärger-Strategie ins Gedächtnis bringen. Jede Erfahrung, die Sie bewußt in Ihren »Bestand an Lebensweisheit« aufnehmen, wird Ihre folgenden Anti-Ärger-Strategien erfolgreicher machen.

Erst denken, dann handeln

Wer ein Ziel hat, kann sich auf den Weg machen. Oft ist der Weg jedoch recht lang und gepflastert mit Problemen aller Art. Manchmal kann der Weg auch so verschlungen sein, daß vorübergehend das Ziel aus dem Blickfeld gerät.

Bei einer Autofahrt oder einem Spaziergang in fremder Umgebung nehmen wir auch Pläne zur Hilfe um festzustellen, welches der richtige oder der kürzeste Weg zum Ziel ist. Der Plan hilft uns einerseits, vorab den Weg zu bestimmen (denken Sie an Ihre Urlaubsvorbereitungen), andererseits dient er uns dazu, wenn wir bereits unterwegs sind, ständig zu prüfen, ob wir da sind, wo wir sein wollten, und ob wir uns auch nicht verlaufen oder verfahren haben.

Dem gleichen Zweck dienen auch die Pläne für persönliche oder berufliche Vorhaben und Projekte. Jeder mag auf eigene Art planen. Folgendes sollte jedoch immer gelten: Erst planen, dann durchführen.

Ich habe für meinen Hausbau zum Beispiel diese Pläne erstellt:

☐ Bauplan
  So soll das Haus einmal aussehen.
☐ Finanzplan
  Mit diesen Kosten muß ich rechnen, und aus diesen Quellen werde ich das Geld rechtzeitig besorgen. In dieser Form werde ich im Lauf der Zeit die Schulden wieder abzahlen.
☐ Aktivitätenplan
  Das muß ich tun oder veranlassen (Kostenvoranschläge besorgen, Genehmigungen einholen…)
☐ Zeitplan
  Zu bestimmten Zeitpunkten müssen bestimmte Dinge erledigt werden und bestimmte Grade der Fertigstellung erreicht sein.

- Vorgehensplan
  Dieser Plan war die Kombination von Finanz-, Aktivitäten- und Zeitplan. Außerdem enthielt er Hinweise auf Methoden zur Durchführung. Diesem Plan war zu entnehmen, was wann in welcher Form gemacht oder erledigt werden mußte.

Durch meine Pläne hatte ich während der Bauphase ständig den Überblick:
- Was ist jetzt fällig?
- Läuft noch alles nach Plan?
- Muß etwas geändert werden?
- Müssen bestimmte Personen oder Mittel zu bestimmten Zeitpunkten in bestimmter Qualität zur Verfügung stehen?
- Muß ich irgendwen an irgend etwas erinnern?

Pläne wirken sehr beruhigend. Sie zwingen uns, vor der Realisierung von Vorhaben ganz sorgfältig bis ins Detail nachzudenken:
- Was ist zu tun?
- Was wird gebraucht?
- Wie sollte es gemacht werden?
- Was könnte schiefgehen?
- Wer kann mir helfen?

Durch diese Vorüberlegungen wird die Zukunft überschaubarer. Wir machen uns rechtzeitig mit den Problemen vertraut. Im Trubel der Aktivitäten helfen die Pläne, stets den Überblick zu behalten. Sie geben uns immer wieder Informationen:
- Wo sollte ich jetzt stehen?
- Wo stehe ich tatsächlich?
- Was muß ich tun, um (wieder) auf den richtigen Weg zu kommen oder darauf zu bleiben?

Lassen Sie sich nicht von jenen Menschen verwirren, die zu faul (oder zu dumm?) sind, vor dem Handeln das Denken zu vollziehen. Deren Argument ist häufig: »Pläne sind überflüssig, weil sowieso immer alles anders als geplant passiert. Außerdem schränken Pläne die Kreativität ein.« Das ist Unsinn. Pläne lassen sich jederzeit den veränderten Realitäten entsprechend anpassen. Außerdem ist das Planen selbst mindestens so kreativ wie das hilflose Sichdurchwursteln im Chaos. Planen Sie also Ihre Anti-Ärger-Strategie! Und so können Sie vorgehen:

1. *Was wollen Sie erreichen?*
   ☐ Bestimmen Sie Ihre Ziele.
   ☐ Wenn Sie mehrere Ziele haben, ordnen Sie sie in der Reihenfolge, wie sie nacheinander erreicht werden sollen. (Verfolgen Sie immer nur ein einziges.)
   ☐ Legen Sie auch schriftlich fest, was Sie nicht erreichen wollen oder was auf keinen Fall passieren darf.

2. *Welche Mittel brauchen Sie?*
   ☐ Brauchen Sie finanzielle Mittel?
   ☐ Brauchen Sie Informationen oder ein bestimmtes Wissen?
   ☐ Brauchen Sie neue Kenntnisse oder Fähigkeiten?
   ☐ Brauchen Sie Zeit?
   ☐ Brauchen Sie Hilfe von bestimmten Menschen?
   Fragen Sie sich genau, was Sie für Ihre Anti-Ärger-Strategie zur Verfügung haben müssen. Ein Tip: Im Buchhandel gibt es heute zu fast jedem Problem gut lesbare Fachliteratur. Oder: Fragen Sie möglichst viele Menschen, die ähnliche Vorhaben bereits erfolgreich hinter sich gebracht haben: Wie war es bei Ihnen?, Wie sind Sie vorgegangen?, Welche Fehler sollte ich von Anfang an vermeiden?

3. *Welches sind die besonderen Bedingungen?*
Wenn Sie zum Beispiel im Beruf viel Ärger haben und sich Ihre Anti-Ärger-Strategie auf das berufliche Umfeld beziehen soll, kann es entscheidend sein, ob Sie nur sich selbst oder eine Familie ernähren müssen, ob Sie sich einen Umzug leisten können oder ob es speziell in Ihrer Branche schwer ist, eine neue Arbeitsstelle zu bekommen...
Überlegen Sie, unter welchen realen Gegebenheiten Sie Ihre Anti-Ärger-Strategie realisieren werden und welche Einflüsse Ihren Erfolg fördern oder behindern können.

4. *Wie können Sie vorgehen?*
Machen Sie sich bewußt: Nur Sie selbst haben ein Interesse daran, Ihren Ärger zu beseitigen oder zu vermindern. Andere Menschen wollen vielleicht gar nicht, daß Sie Ihren Ärger loswerden. Es kann auch sein, daß andere Ihren Ärger nicht als Plage verstehen (»Stell dich nicht so an«) oder es ist ihnen völlig egal.
Warten Sie nicht darauf, daß andere Menschen sich Ihnen zuliebe ändern. Warten Sie auch nicht auf den Tag, an dem sich die Welt für Sie ändert. Alles wird bleiben, wie es ist. Sie selbst müssen aktiv werden. Versuchen Sie es gar nicht erst, Ihre Mitmenschen umzuerziehen. Ändern Sie sich selbst, oder ändern Sie Ihre Lebensumstände (Beruf, Familienstand, Freundeskreis, Wohnumfeld...). Mehr können Sie kaum je erreichen.
Zum Vorgehen bei der Anti-Ärger-Strategie folgen im Kapitel 7 Tips und Hinweise. An dieser Stelle sollen nur ein paar Beispiele folgen, wie Bekannte von mir sich »ent-ärgert« haben.

   ☐ Ein Kollege, der stets wütend über all die dusseligen anderen Autofahrer aus seinem Fahrzeug stieg, hat sich selbst mit kurzen und zunehmend längeren Fahrten dazu erzogen, ohne Flüche und Schimpfworte die

Stadt zu durchqueren. Zur Unterstützung seiner Selbsterziehung hat er sich jeweils für einen Woche einen Zettel auf das Lenkrad geklebt mit Sätzen wie: »Ich will niemanden töten oder verletzen« (um auch bei Streß und Ärger auf aggressive Reaktionen verzichten zu können) oder: »In jedem Auto sitzt ein Mensch« (im persönlichen Umgang mit Menschen war er außerhalb seines Autos nämlich auch nicht mißlaunig oder rechthaberisch).

☐ Eine Bekannte von mir ärgerte sich lange Zeit über ihre Nachbarn, die es sie deutlich fühlen ließen, daß sie ihre Partnerschaft mit einem Schwarzen mißbilligten. Meine Bekannte konnte jedesmal furchtbar wütend werden, wenn sie von den »Rassisten« wieder verächtlich oder neugierig angestarrt wurde. Sie entschloß sich: »Wenn mich die Nachbarn hassen, bin ich dennoch nicht verpflichtet, zurückzuhassen.« Mit ihrem Mann vereinbarte sie: Ab sofort ignorieren wir die bösen Blicke und grüßen stets die Nachbarn mit freundlichem Lächeln. Es soll nur wenige Tage gedauert haben, bis die Nachbarn das Lächeln nicht für eine neue Marotte hielten und ihrerseits zurücklächelten. Als der Mann eines Tages im Aufzug gefragt wurde: »Aus welchem Land kommen Sie eigentlich?«, war der Bann gebrochen. Der »Rassismus« löste sich in Luft auf. Beschämt mußte meine Bekannte erfahren, daß die Nachbarn sie zuvor nur deshalb »verächtlich« angeschaut hatten, weil sie selbst immer einen muffeligen Eindruck machte.

☐ Ein Bekannter erkannte durch seine Anti-Ärger-Strategie, daß er nur deshalb so oft schlechte Laune hatte, weil er viel zuviel seine Mitmenschen beobachtete und nach seinen Maßstäben beurteilte. Dieser Mann schrieb sich in seinen Terminkalender eine Notiz, die er jeden

Morgen durchlas: »Ich achte nicht darauf, wie andere Menschen sich kleiden, was sie reden, wie sie ihre Kinder erziehen, wie sie ihre Gärten pflegen, welche Autos sie fahren...«

- Meine Cousine befreite sich dadurch vom Ärger, indem sie sich endlich aufraffte, sich von dem Faulpelz scheiden zu lassen, der von Zeit zu Zeit in ihrer Wohnung auftauchte und schmutzige Wäsche und leere Bierflaschen hinterließ, wenn er wieder für die nächsten Wochen verschwand.
- Ein Arbeitskollege entschloß sich schweren Herzens, doch dem Rat eines Erziehungsberaters zu folgen und seinen Sohn vor die Tür zu setzen und ihn dort auch in kalten Nächten sitzen zu lassen. Und siehe da: Eines Tages ging es dem jungen Mann schlecht genug, daß er die Hände an seinen Armen entdeckte und begann, damit zu arbeiten.

Sie sehen, jede Anti-Ärger-Strategie ist anders. Sie kann bedeuten, daß Sie »nur« sich selbst weniger »ärgerbereit« machen müssen oder daß Sie sehr einschneidende Veränderungen in Ihrem Leben vorzunehmen haben.

5. *Welchen Zeitplan wollen Sie einhalten?*
Legen Sie fest, wann Sie Ihr Ziel erreicht haben wollen, und legen Sie fest, wie weit Sie zu welchem Zeitpunkt mit Ihrer Anti-Ärger-Strategie gekommen sein wollen.

6. *Wie und wann wollen Sie im Verlauf der Anti-Ärger-Strategie prüfen, ob Sie noch auf dem Weg zum Ziel sind?*

Wenn Sie alles gut durchdacht haben, sollten Sie auf keinen Fall davon ausgehen, daß es ab sofort unablässig auf das Ziel zugeht. Sie werden sicherlich Rückschläge und Enttäuschungen erleben. Sie werden immer wieder veränderte Bedingungen vorfinden und vielleicht auch mit zunehmender Erfahrung feststellen, daß das definierte Ziel unter Umständen doch nicht in der geplanten Form oder auf dem geplanten Weg erreichbar ist. Machen Sie sich klar: Pläne »leben«. Sie dürfen nicht stur so verfolgt werden, wie sie einmal festgelegt wurden. Es ist zwar richtig, sie zunächst sehr sorgfältig anzulegen, als ob sie dauernde Gültigkeit hätten, sobald sie jedoch »fertig« sind und befolgt werden, müssen sie immer wieder überprüft werden:

- Sind die Pläne noch realistisch?
- Sind sie noch sinnvoll?
- Müssen sie an geänderte Bedingungen angepaßt oder wegen neuer Erkenntnisse überarbeitet werden?

Sie sollten auch »Risiko-« oder »Krisenpläne« für den Notfall bereitliegen haben. »Risikopläne« sind dazu da, damit Krisen erst gar nicht eintreten. Hier geht es darum zu überlegen, was passieren könnte und wie verhindert werden kann, daß »es« passiert. »Krisenpläne« sind dazu da, um in ungeplanten Situationen (Pannen, Unfälle, Mißgeschicke...) schnell und vernünftig reagieren zu können. Vergleichen Sie es mit Brandübungen in großen Unternehmen. Sinn der Sache ist, in der Krise den Überblick zu behalten und Panikreaktionen zu verhindern. Vielleicht haben Sie einen »Krisenplan« im Auto? Das sind die Checklisten, was zu tun und zu beachten ist, wenn ein Unfall passiert.

Sie haben sich für Ihre Anti-Ärger-Strategie ja schon Gedanken gemacht, welche Personen oder Umstände Ihre Ziele in Gefahr bringen könnten. Sie sollten sich überlegen:

- Wo bestehen Risiken für meine Ziele oder für mein Vorhaben?
- Wie groß kann ein möglicher Schaden sein?
- Wie hoch ist die Wahrscheinlichkeit, daß der Risikofall eintritt?

Planen Sie:
- So kann ich die Gefahren für meine Ziele möglichst gering halten oder Risiken vermeiden.
- Das werde ich tun, damit »es« nicht passiert. (»Risikoplan«)
- Das werde ich tun, wenn »es« passiert ist. (»Krisenplan«)

Im Verlauf Ihrer Anti-Ärger-Strategie sollten Sie immer wieder prüfen:
- Hat sich an der Risikosituation etwas geändert?
- Stimmen meine vorbereiteten Krisenpläne noch?

Trotzdem kann auch immer etwas passieren, womit wir überhaupt nicht gerechnet haben. Ein bisher wohlmeinender Mensch stellt sich als unzuverlässig oder sogar feindselig heraus, die realen Bedingungen sind nicht wie erwartet, die Kosten wachsen uns über den Kopf, Pannen verursachen Verzögerungen oder weitere Kosten...
Wenn etwas schief gelaufen ist und Sie für diesen speziellen Fall keinen Plan haben, dann sollten Sie nicht übereilt reagieren. Gönnen Sie sich Zeit für eine gründliche Analyse der Problemsituation:
- Was genau ist passiert?
- Welcher Schaden ist entstanden?
- Wie kann der Schaden begrenzt bleiben?
- Was kann ich tun, um wieder aus dem Problem herauszukommen?
- Wer kann mir helfen oder mich beraten?

In der akuten Krisensituation sollten Sie versuchen, so sachlich wie möglich zunächst nur die Schäden gering zu halten. Verzichten Sie auf Schuldzuweisungen oder gar Rachegelüste. Erst wenn das Problem hinter Ihnen liegt, sollten Sie in aller Gründlichkeit zurückschauen:
- Warum konnte es zu dieser Krise kommen?

- Wer hat Fehler gemacht? Ich selbst?
- Wie war ich auf diese Situation vorbereitet?
- Wie gut habe ich mir zu helfen gewußt?
- Wer und was hat mir geholfen?
- Was kann ich tun, damit ich ein solches Problem nicht noch einmal habe?

Denken Sie daran: Schmollen Sie nicht, weil andere Menschen nicht dafür sorgen, daß Sie keine Probleme haben. Wenn Ihre Probleme durch Fehler anderer verursacht wurden, dann versuchen Sie gar nicht erst, diese Menschen zu ändern. Stellen Sie sich jedoch konsequent auf deren Schwächen ein.
Wenn Sie sich so sorgfältig durch Pläne auf Ihre Anti-Ärger-Strategie vorbereitet haben, dann sollte der Erfolg nicht auf sich warten lassen. Gehen Sie jetzt zurück zu den Seiten 122ff., und fangen Sie mit Ihrer Anti-Ärger-Strategie an.

Jetzt mache ich es wahr

Wenn Sie die Ziele Ihrer Anti-Ärger-Strategie festgelegt und die Pläne für den Weg zum Ziel geschmiedet haben, dann kann es losgehen. Schieben Sie die Umsetzung Ihrer Pläne nicht hinaus. Sagen Sie nicht: »Sobald ich Zeit habe.« Oder: »Am ersten Januar fange ich an.« *Heute* ist der beste Tag für neue Vorhaben. Zwei Voraussetzungen sind wichtig:
- Sie müssen es wirklich und von ganzem Herzen wollen. Ihr Wunsch muß so stark sein, daß Sie auch Anstrengungen und Unbequemlichkeiten in Kauf nehmen wollen.
- Sie müssen bereit sein, es selbst zu tun.

Ihre Anti-Ärger-Strategie kann Ihre Lebensumstände, Ihre Einstellungen zu Menschen, Ihr Verhalten und Ihren Bekanntenkreis verändern. Das ist nicht leicht. Vor allem ist es schwer, bisherige Gewohnheiten aufzugeben. Drei Ebenen Ihrer Persönlichkeit sind von den Anstrengungen einer Veränderung betroffen:

1. Verstandesebene
Sie müssen sich gedanklich mit Ihren Ärgerproblemen auseinandersetzen. Sie müssen Ursachen für Ärger erkennen und Strategien entwickeln, was Sie in Zukunft anders machen können.

2. Gefühlsebene
Sie müssen wirklich aus sich selber heraus den Wunsch haben, an Ihrer Situation etwas zu ändern. Es ist völlig sinnlos, einem Menschen »zu seinem eigenen Besten« eine Anti-Ärger-Strategie aufzuzwingen oder auch nur einzureden. Dieser Mensch würde sich höchstens lustlos daran machen und gleich beim ersten Rückschlag die Flinte ins Korn werfen – und sich darüber ärgern.
Sie dürfen sich auch nicht selbst eine Anti-Ärger-Stratgie »aufschwatzen«. Warten Sie, bis Ihnen der Ärger wirklich so sehr zuwider wird, daß Sie die notwendigen Anstrengungen auf sich nehmen wollen. In der Psychologie spricht man von »Leidensdruck«. Es reicht nämlich nicht, daß man sich aus Gründen der »Vernunft« dazu entschließt, etwas zu tun. Ihr Gefühl muß Ihnen sagen: »Ich will.«

3. Verhaltensebene
Sie müssen aktiv werden. Sie müssen ganz konkret etwas tun oder ab sofort etwas unterlassen. Sie müssen alte Gewohnheiten aufgeben und alte Denkmuster »verlernen« und durch neue ersetzen. Vielleicht müssen Sie auch neue Gefühle Ihren Mitmenschen gegenüber entwickeln. Stellen Sie sich ein »Verhaltensprogramm« zusammen, in dem Sie für sich festgelegt haben, wie Sie sich ab sofort verhalten werden, wenn die bekannte Ärgersituation wieder eintritt. Wenn Sie an Ih-

ren Lebensumständen etwas ändern wollen, dann gehen Sie auch hier aktiv daran, Ihre Pläne in die Tat umzusetzen. Warten Sie auf niemanden. Warten Sie weder auf Ermutigungen, noch auf Anregungen.

Tun Sie das, was getan werden muß, damit der Ärger endlich ein Ende hat. Fangen Sie heute damit an.

Mit manchen Ärgernissen muß man leben

Es tut gut, sich aktiv an ein Problem heranzuwagen. Es macht Spaß, Ziele und Pläne zu entwickeln. Es strengt an, die Pläne in die Tat umzusetzen, Mühen auf sich zu nehmen und auch bei Rückschlägen trotzdem weiterzumachen. Den größten Spaß haben wir selbstverständlich, wenn sich die ersten Erfolge einstellen.

Aber was ist mit dem Ärger, den wir nicht ändern können oder nicht ändern wollen? Sollen wir uns weiterhin herumquälen? Kann man lernen, damit zu leben? Es gibt Möglichkeiten, sich damit zu arrangieren:

1.*Vorbeugen und Ausweichen*

Versuchen Sie, dem zu erwartenden Ärger von vornherein auszuweichen. Vermeiden Sie den Kontakt mit Personen, mit denen Sie wahrscheinlich sowieso Streit bekommen werden. Weichen Sie bestimmten Situationen aus (nicht gerade dann einkaufen, wenn alle anderen die Straßen übervölkern und die Schlangen an den Kassen lang werden lassen; nicht gerade dann U-Bahn fahren, wenn »die Jugend von heute« sich auf dem Heimweg von der Schule befindet etc.). Vermeiden Sie bestimmte Gesprächsthemen, oder lesen Sie gar nicht erst Zeitungen über deren politische Ausrichtung Sie sich ohnehin nur aufregen. Forschen Sie nicht nach möglichen bösen

Taten anderer Menschen, und versuchen Sie nicht herauszufinden, wer wohl schlecht über Sie redet…
Halten Sie sich an den Grundsatz: »Was ich nicht weiß, macht mich nicht heiß.«

2. Trennen
Geben Sie Kontakte mit Menschen auf, die Sie bei jedem Zusammentreffen nur ärgern. Sie müssen nicht in dem Verein, in der Gemeinde, in dem Club sein, wo Menschen verkehren, die Sie gar nicht leiden können.
Überlegen Sie jedoch auch, wie viele Freunde Sie noch haben werden, wenn Sie sich von all den Menschen trennen, die Ihnen nicht gefallen. Bleiben dann noch welche übrig?
Vielleicht sollten Sie sich dann einmal diesen Spruch durch den Kopf gehen lassen: »Wenn niemand in Ihrer Umgebung Ihren Ansprüchen genügt, wird es Zeit, daß Sie Ihren Maßstab überprüfen.«

3. Positive Einstellung
Entwickeln Sie ganz bewußt nette Gedanken über die Menschen, die Ihnen ein Dorn im Auge sind. Versuchen Sie konsequent daran zu denken, daß zum Beispiel in den anderen Autos keine Monster und keine persönlichen Feinde sitzen, sondern Menschen, die ihrerseits von Angehörigen geliebt werden. Denken Sie daran, daß niemand morgens in die Pantoffeln steigt und beschließt: Heute fahre ich so miserabel, daß ich allen im Wege bin. Das tut niemand. Fahrfehler und Unsicherheiten unterlaufen uns allen – auch Ihnen – gelegentlich.
Verachten Sie nicht die Menschen, die einem Beruf nachgehen, der Ihnen nicht gefällt (Vertreter, Polizist, Prostituierte, Zahnarzt, Priester, Finanzbeamter, Werbezettelverteiler, Politesse…). Sie selbst müssen diesen Job ja nicht machen. Hören Sie auf, auf diesen Menschen herumzuhacken oder schlecht über sie zu sprechen.

Ziehen Sie nicht über Menschen her, deren Äußeres Ihnen nicht gefällt. Spotten Sie nicht über die »Geschmacklosigkeit« oder »Häßlichkeit« derer, denen Sie eine Schönheitsberatung geben möchten. Gönnen Sie andererseits auch denen, die besser aussehen als Sie, ihre Schönheit. Verzichten Sie auf Neid. Suchen Sie bei den Schönen nicht nach Arroganz. Oft ist es nur der eigene Neid, der uns den Schönen einen schlechten Charakter oder einen kümmerlichen Verstand unterstellt. Warum sollte eine gertenschlanke Blondine mit seidigen Wimpern dümmer oder bösartiger sein als ein dicker Mensch mit Glatze? Gehören Sie bitte auch nicht zu jenen, die ständig andere kommentieren: »Die ist aber dick!«, »Was hat der denn für einen komischen Mantel.«, »Mit der dicken Brille sollte er nicht auch noch…« Achten Sie bewußt darauf (beispielsweise im Straßencafé oder in der Kantine), daß Sie nicht jeden Vorbeigehenden von oben bis unten mustern und abfällig über ihn sprechen.

4. Ignorieren
Lernen Sie, die Dinge zu unterscheiden:
- Das kann und will ich ändern. Das kann oder will ich nicht ändern.
- Was ich ändern kann und will, ändere ich. Was ich nicht ändern kann oder will, das ignoriere ich.

Üben Sie das Wegsehen und Weghören. Es ist durchaus nicht wichtig, daß Sie erfahren, wie falsch andere Menschen ihr Leben führen, wie dumm sie sich anstellen… Es ist auch nicht erforderlich, daß Sie das schlechte Benehmen anderer Menschen im Auge behalten und kommentieren. Gewöhnen Sie es sich an, nur vor der eigenen Tür zu kehren.

5. Kompensieren
Es gibt Ärgernisse, die kann man weder ignorieren noch ändern. Das war bei mir zum Beispiel einmal ein Lehrer und später über mehrere Jahre ein Chef. Geärgert habe ich mich –

trotz aller Bemühungen – immer wieder. Aber ich habe mich »entschädigt«. Damit ist nicht etwa Rache oder »Zurückärgern« gemeint. Ich habe mir vielmehr bewußt für jeden unausweichlichen Ärger selber sofort eine Freude gemacht. Das konnte ein Eisbecher oder ein Zoobesuch, ein Telefonat mit einer Freundin oder ein spannender Krimi sein. Ganz bewußt habe ich mir gedacht: »Arme Hedwig, wieder hat er dich verärgert. Zum Ausgleich gönnst du dir jetzt…« So hat jede Wunde ihr Pflaster bekommen.

6. Bessere Selbstorganisation
Viel Ärger entsteht durch eigene Vergeßlichkeit, Unordnung, Trödelei und Hektik. Da kann es helfen, sich selbst und den eigenen Tagesablauf besser zu organisieren.
Führen Sie – wenn Sie es nicht schon tun – einen Kalender, in den Sie alle Termine eintragen.
Verplanen Sie niemals mehr als sechzig Prozent Ihrer Zeit. Den Rest werden Sie auf jeden Fall für Ungeplantes, Überraschendes und soziale Kontakte benötigen.
Fertigen Sie Checklisten an für regelmäßige Vorkommnisse oder Routinen, oder auch für Situationen, in denen es sehr wichtig ist, daß Sie nicht unter Streß falsch reagieren oder etwas vergessen (Mitnehme-Listen für Reisen oder Besuche der Badeanstalt, Fragebogen für Gespräche mit dem Lehrer der Kinder, Gesprächsplan für den Termin beim Vorgesetzten, Checkliste für Unfälle etc.).
Machen Sie sich bei Verabredungen oder sonstigen Terminen stets frühzeitig auf den Weg. Vermeiden Sie Hast in der letzten Minute. Wenn Sie zu Terminen gehen, die lange vorher geplant wurden, kann es sinnvoll sein, die andere Person kurz noch einmal anzurufen. Es kommt nicht selten vor, daß andere Menschen weniger zuverlässig sind und Termine vergessen.
Gehen Sie bei Ihrer Arbeit der Reihe nach vor. Fangen Sie etwas Neues erst an, wenn die vorhergehende Tätigkeit abge-

schlossen ist. Selbst bei ganz einfacher Hausarbeit kommt es leicht zu Pannen und Ärger, wenn zuviel auf einmal oder etwas »schnell mal nebenher« gemacht wird. Wenn Sie zum Beispiel den Pulli in die Lauge einweichen, schnell den Kaffee aufsetzen, im Vorbeigehen die Goldfische füttern und auf dem Weg noch eben die Schuhe unterm Sofa aufsammeln, dann benötigen Sie zuviel Konzentration. Es gibt Hausfrauen, die sogar stolz darauf sind, »immer alles auf einen Gang« zu erledigen. Das kann zu Chaos, Fehlern und Ärger führen, wenn nur eine kleine Störung auftritt. Es könnte klingeln. Dann findet man sich womöglich mit Schuhen in der Hand und Gurkenmaske im Gesicht vor dem Besucher an der Tür wieder. Noch bevor die Peinlichkeit bewußt wird, fängt der Wasserkessel sein Pfeifkonzert an, der Pullover schrumpft in der Lauge, die Goldfische hämmern wütend mit ihren Flossen an die Aquariumscheibe und starren erbost auf die geöffnete Fischfutterdose, die kurz darauf auf den Teppich fällt... Das ist vielleicht übertrieben, kommt aber in ähnlicher Form oft genug vor. Oder ist Ihnen noch nie aufgefallen, daß einem genau dann die Soßenschüssel aus der Hand rutscht und über den Teppich rollt, wenn man es gerade sehr eilig hat?

7. Innere Disziplin
Achten Sie, wenn Sie sich plötzlich ärgern, auf Ihre Stimme. Werden Sie laut? Wird Ihre Stimme höher oder gar schrill? Überschlagen Sie sich beim Sprechen? Verwenden Sie Kraftausdrücke? Sagen Sie tatsächlich, was Sie sagen wollten? Reden Sie sich womöglich »um Kopf und Kragen«?
Üben Sie sich darin, bei Ärger zunächst auf die schnelle Antwort zu verzichten: Ärger? Wut? – Mund zu!
Lassen Sie souverän ihrem Gegenüber das »letzte Wort«. Sagen Sie einfach nichts. Wahrscheinlich verwirren Sie den anderen durch Ihr Schweigen sogar. Er hat sich innerlich auf Ihre wütende Reaktion eingestellt. Nun kommt von Ihrer Sei-

te nichts. Gut so. Ich habe oft erlebt, daß dann der »Gegner« schnell einen Rückzieher macht.

Wenn es Ihnen öfter passiert, daß Sie im Ärger die Selbstbeherrschung verlieren, sollten Sie – wie ein Schauspieler – das vernünftige und überlegene Reagieren in Streßsituationen üben. Nutzen Sie regelmäßig ruhige Minuten (zum Beispiel vor der Ampel oder beim U-Bahn-Fahren), um sich die für Sie typischen Ärgersituationen auszumalen. Und dann stellen Sie sich vor, wie Sie souverän und »cool« reagieren. Spielen Sie solche Situationen immer wieder in Gedanken durch. Sie werden wahrscheinlich eines Tages überrascht sein, wenn Sie plötzlich bemerken, daß Sie unter akutem Streß genau die Reaktion zeigen, die Sie innerlich längst geprobt haben.

7
Wie andere es geschafft haben

Steter Ärger mit der Schule

Ein Ehepaar ärgerte sich seit Jahren über die Schule ihrer beiden Kinder. Ständig fiel der Unterricht aus, weil sich die Lehrer von einer Krankheit zur nächsten Kur schleppten. Gleichzeitig nahm die Gewaltbereitschaft der Schüler dermaßen zu, daß man sich fragen konnte, was die Lehrer überhaupt noch am Leben hielt. Dem einen Lehrer wurden die Autoreifen zerstochen, dem anderen die Aktentasche angezündet. Jüngere Kinder fürchteten sich vor den älteren. Manchen wurde bereits auf dem Schulweg aufgelauert, um ihnen das Pausengeld abzunehmen. Es kam unter den Schülern zu regelrechten Schutzgelderpressungen. Drogen, Rechtsradikalismus, Austausch von Horror-Videos und PC-Spielen mit pornographischen Inhalten trugen täglich zur Verschlechterung der Situation bei. Die Eltern ärgerten sich über diese Schule und machten sich Sorgen um die intellektuelle und soziale Ausbildung ihrer Kinder. Sie durften sich nicht aus der Verantwortung ziehen und die Zustände einfach hinnehmen. Sie entschlossen sich zu einer Anti-Ärger-Strategie nach dem »6+1«-Modell.

1. Orientierung

Was können wir tun? Was wollen wir bestmöglich unter den realen Gegebenheiten für unsere Kinder erreichen? Wie wollen wir vorgehen? Wie wollen wir den Erfolg unserer Aktion sichern?

Um diesen Fragen nachzugehen und zunächst einen gründlichen Gesamtüberblick über die aktuelle Situation und über realistische Möglichkeiten zur Lösung des Problems zu erhalten, wurden von den Eltern in wochenlanger Arbeit Antworten auf folgende Fragen gefunden:

- Wie stellt sich genau die Situation an der Schule dar?
- Was genau stört uns? Wie empfinden unsere Kinder das Problem?
- Was wünschen sich unsere Kinder?
- Was wollen wir eigentlich für unsere Kinder erreichen?
- Wie sehen die Eltern der anderen Kinder diese Situation?
- Wie sehen die Lehrer die Umstände an ihrer Schule? Warum ist der Krankenstand unter den Lehrern so hoch?
- Was könnte an der Schule geändert werden? Wie müßte es gemacht werden?
- Würden andere Eltern oder die Lehrer sich mit uns gemeinsam für eine Verbesserung engagieren?
- Gibt oder gab es ähnlich Probleme bei anderen Schulen? Was wurde dort unternommen?
- Wer kann uns helfen oder beraten? Schulamt? Schulrat? Vertrauenseltern?
- Gibt es andere (bessere) Schulen in der Nähe für unsere Kinder?
- Wie müßte ein Wechsel durchgeführt werden?
- Welche Probleme können für unsere Kinder durch einen Schulwechsel entstehen?
- Wäre ein Internat denkbar? Wollen unsere Kinder das? Könnten wir das bezahlen?

Während der Orientierung sprachen die Eltern mit ihren Kindern, mit verschiedenen ebenfalls Betroffenen und mit Behörden. Sie lasen Fachliteratur und statteten anderen Schulen Besuche ab.

Es ging darum, für das eigene Problem zu klären:
☐ Das ist der genaue Sachverhalt.
☐ Das wollen wir erreichen.
☐ Mit diesen Problemen müssen wir rechnen.
☐ Das läßt sich in die Tat umsetzen.

2. Vergleich und Entscheidung
Es standen drei Möglichkeiten zur Auswahl:
☐ Die Kinder bleiben in der bisherigen Schule. Die Eltern versuchen, dort die Situation zu ändern. (Was kann ein Elternpaar an einer Schule tun?)
☐ Die Kinder wechseln in eine andere (private) Schule in der Stadt.
☐ Die Kinder werden in ein Internat »gesteckt«. (Wollen sie das überhaupt? Wie soll das bezahlt werden? Was bedeutet dies für den Zusammenhalt in der Familie?)

Bei jeder der drei Möglichkeiten galt es zu überlegen, wie es voraussichtlich sein würde. Danach notierten die Eltern sorgfältig die jeweilig absehbaren Vor- und Nachteile und diskutierten sie mit ihren Kindern. Gemeinsam mit den Kindern wurde der Schulwechsel innerhalb der Stadt beschlossen.

3. Zielbeschreibung
Den Kindern wurde – als Hauptbetroffenen – erklärt, was ein Schulwechsel für sie bedeuten würde: neue Klassenkameraden, neue Lehrer und sicherlich andere Lehrmethoden. Auch würde die jeweils neue Klasse in den verschiedenen Fächern einen anderen Wissensstand erreicht haben.

4. Lösungsplanung
Die Eltern entwickelten einen Vorgehensplan, der im Detail beschrieb, wie und in welcher Reihenfolge der Schulwechsel durchgeführt werden sollte:

- Abmelden von der bisherigen Schule unter Verzicht auf Vorwürfe und »böses Blut«.
- Anmelden an der neuen Schule.
- Unterstützung für die Kinder beim fachlichen und sozialen Einleben in der neuen Umgebung.
- Aufbau eines persönlichen Kontakts mit den neuen Lehrern.

5. Realisierung
Die Kinder wurden an der neuen Schule an- und bei der bisherigen abgemeldet. Sie erhielten einige Stunden Nachhilfe in den Fächern, in denen die neue Klasse einen Wissensvorsprung hatte, und sie wurden »bei der Stange gehalten« dort, wo sie selbst bereits voraus waren. Dadurch sollte verhindert werden, daß sie in diesen Fächern »zu selbstsicher« und dann womöglich nachlässig würden.
Mit den neuen Lehrern wurde von Anfang an eng zusammengearbeitet. Das Einleben in der neuen Klasse schafften die Kinder selbständig.

6. Zielerreichung
Die Kinder besuchen nun die neue Schule. Sie haben dort Freunde gefunden und pflegen gleichzeitig ihre alten Freundschaften mit ehemaligen Klassenkameraden. Im Unterricht kommen sie gut voran. Daß die Situation (Stundenausfall, Gewalt unter den Schülern etc.) an der neuen Schule tatsächlich besser ist, hat sich inzwischen erwiesen.
Sowohl die Kinder als auch die Eltern sind mit ihrer Entscheidung zufrieden.

7. Reflexion der Erfahrungen

Hierbei ging es den Eltern um diese Fragen:

- Haben wir unser Ziel erreicht?
  Ist die neue Schule wirklich »besser«, oder reden wir uns das nur ein?
  Können wir unsere Erziehungsziele nun leichter erreichen?
- Haben wir unsere Anti-Ärger-Strategie richtig und gut gemacht?
  Haben wir uns bei der Orientierung ausreichend über alle Aspekte informiert?
  Haben wir die richtigen Alternativen gründlich genug untersucht und verglichen?
  Haben wir die unterschiedlichen Möglichkeiten ausreichend gründlich und realistisch eingeschätzt?
  War die Beteiligung unserer Kinder bei der Entscheidungsfindung angemessen?
  Wurden die Kinder gut genug auf den Wechsel vorbereitet und ausreichend im neuen Umfeld unterstützt?
  War unsere Planung angemessen? Gab es Pannen oder Überraschungen, die wir hätten vermeiden können?
  Haben wir uns an unsere Pläne gehalten? Waren wir auch flexibel genug, notfalls von den Plänen abzuweichen?

Auch diesen Fragen ist die Familie in einer gemeinsamen »Konferenz« nachgegangen:

- Wenn wir noch einmal mit unserer Anti-Ärger-Strategie von vorne anfangen könnten: Was würden wir anders oder besser machen?
- Wenn uns jemand mit einem ähnlichen Problem um Rat fragen würde: Welche Tips könnten wir geben?

Ein neuer Job muß her

Ein Bekannter, Herr Hausstein, kam eines Tages bebend vor Wut zu unserer Party. Er hatte heute seinen Chef dabei überrascht, wie dieser in seinem Zeitplaner (Kalender und Merkheft) blätterte. Da Herr Hausstein in diesem Buch nicht nur seine dienstlichen Termine eintrug, sondern auch persönliche Notizen, war dieses Blättern ein äußerst ärgerlicher Übergriff in seine Privatsphäre.

An diesem Abend erzählte Herr Hausstein mehr von seinem Arbeitsplatz. Er habe durch Zufall herausgefunden, daß Kollegen besser verdienten als er. Ihm war das Büro mit dem Fenster zur Garageneinfahrt mit entsprechendem Lärm und Gestank zugeteilt worden... Kurz: Herr Hausstein fühlte sich an seinem Arbeitsplatz nicht ernst genommen und war fast täglich verärgert.

Zu Beginn seiner Anti-Ärger-Strategie war er nicht sicher, ob er am bestehenden Arbeitsplatz etwas ändern wollte und konnte und er sich daher besser um eine neue Stelle bemühen sollte. Er ging nach der »6+1«-Strategie vor und unternahm im wesentlichen folgendes:

1. Orientierung

- Erstellen einer Liste: »Das ärgert mich an meinem Arbeitsplatz.«
- Erstellen einer Liste: »Das sind die Vorteile an meinem jetzigen Arbeitsplatz.«
- Sammeln von Stellenangeboten in verschiedenen Zeitungen während mehrerer Wochen.
- Erstellen einer Liste: »So stelle ich mir einen idealen Arbeitsplatz vor.«
- Sortieren der Einträge der Ideal-Liste:
  Das muß der Arbeitsplatz unbedingt haben. (Minimalforderungen)

Das sollte der Arbeitsplatz haben.
Auf diese Aspekte kann ich notfalls verzichten.
- Aufschreiben: »Darüber müßte ich mit meinem Chef sprechen.«
- Bearbeiten des Chef-Textes:
Diese Themen kann ich mit ihm besprechen.
Diese Argumente würde mein Chef wahrscheinlich verstehen.
Über diese Themen würde ich ungern mit ihm sprechen, oder er würde meine Sicht nicht verstehen.
Was würde ein Gespräch wirklich verändern an der bisherigen Situation?
- Telefonate mit Personalleitern von potentiellen neuen Arbeitgebern und Feststellen des eigenen Marktwerts.

2. *Vergleich und Entscheidung*
- Erste Möglichkeit:
Ich lasse alles, wie es ist, und trainiere meine »Ärger-Sensibilität« ab. Ich lege mir ein dickeres Fell zu.
- Zweite Möglichkeit:
Ich spreche offen mit meinem Chef und bleibe im bisherigen Job.
- Dritte Möglichkeit:
Ich suche mir bald eine neue Stelle.

Für jede der drei Möglichkeiten untersuchen:
- Wie hoch ist die Chance, meinem »Ideal-Arbeitsplatz« nahe zu kommen?
- Wie hoch ist der Aufwand: Zeit, Geld, Kraft, Nerven?
- Welches sind die Risiken bei jeder der drei Lösungen?
- Welches sind die Vor- und die Nachteile bei jeder der drei Lösungen?

Entscheidung: Die dritte Möglichkeit wird gewählt.

3. Zielbeschreibung

- Wiederaufnahme der Beschreibung des Ideals eines Arbeitsplatzes und noch einmal nach neuesten Erkenntnissen überprüfen.
- Aufschreiben: So will ich mein neues Berufsleben führen. Das will ich in drei, fünf, sieben Jahren erreicht haben.

4. Lösungsplanung

- Liste: Das gehört zu den Bewerbungsunterlagen.
- »Drehbuch«: So werde ich meine Vorstellungsgespräche führen. (Vorbereitung auf mögliche Fragen, Selbstdarstellung, Hintergrundwissen über das jeweilige Unternehmen etc.)
- Strategie: Mit diesen Firmen werde ich mich in Verbindung setzen.
- Plan: Bis wann sind welche Kontakte hergestellt und welche Bewerbungen unterwegs?
- Strategie: Kündigung beim bisherigen Arbeitgeber ohne Ärger und mit gutem Zeugnis.
- Merkzettel, was der neue Arbeitsvertrag enthalten muß.

5. Realisierung

- Kontaktaufnahme mit verschiedenen Unternehmen.
- Verschicken von Bewerbungsunterlagen.
- Vorstellungsgespräche und Nachanalyse eines jeden Gesprächs:
  Hatte ich die Gesprächsführung?
  Habe ich mich gut dargestellt?
  Welchen Eindruck hat das Unternehmen auf mich gemacht?
  Was kann ich beim nächsten Gespräch besser machen?
- Vergleichen der Angebote der einstellungsbereiten Unternehmen.
- Auswahl einer Stelle und Abschluß des Vertrags.

- Kündigung der bisherigen Stelle und Sicherung des Zeugnisses.

6. *Zielerreichung*
Aufnahme der Arbeit beim neuen Unternehmen.

7. *Reflexion der Erfahrungen*
- Sofort:
  Habe ich das bekommen, was ich wollte?
  War meine Strategie erfolgreich und mit möglichst wenig Aufwand und Frustration verbunden?
  Was hätte ich noch besser machen können?
- Nach Ende der Probezeit:
  Ist die neue Stelle wirklich besser?
  Habe ich tatsächlich erreicht, was ich wollte?
  Welche Tips könnte ich einem anderen mit vergleichbaren Problemen geben?

Ich will nicht mehr allein sein

Meine Freundin zog vor einigen Jahren als »frisch Geschiedene« von München nach Hamburg. Einen neuen Job und eine neue Wohnung zu finden, war für sie recht einfach. Das reichte jedoch nicht. Sie fühlte sich einsam.
Das fiel ihr während der ersten Wochen kaum auf; sie war beruflich sehr engagiert und genoß abends die Ruhe in der schönen neuen Wohnung. Irgendwann, so sagte sie, wurden die Sonntage schrecklich. Sie hatte das Gefühl, alle anderen Menschen seien in Familien oder Partnerschaften aufgehoben, nur sie nicht. Die Gefühle meiner Freundin waren mehr als Ärger: Sie fühlte sich einsam. Und sie entschloß sich, ihr Problem durch die Anti-Ärger-Strategie nach dem »6+1«-Modell zu lösen.

1. Orientierung
Zunächst dachte sie über sich selbst und über ihre Interessen nach:
- Wozu habe ich Lust? Sport? Politik? Tanzen? Hobbys?
- Wozu habe ich ganz bestimmt keine Lust?

Danach beschäftigte sie sich mit der Frage, was sie eigentlich genau für sich suchte.
- Wieviel Zeit habe ich für soziale Kontakte zur Verfügung?
- Was suche ich wirklich? Eine »beste Freundin«? Einen Verein mit netten Leuten für eher lockere Kontakte? Einen Liebhaber? ...
- Was waren in München meine wichtigsten Kontakte, und was möchte ich vergleichbar auch in Hamburg erreichen?

Nach der Analyse ihrer eigenen Wünsche untersuchte meine Freundin die Möglichkeiten in Hamburg. Sie kaufte sich verschiedene lokale Zeitschriften und studierte die Anzeigen.
- Welche Clubs, Organisationen, Vereine oder Arbeitskreise suchen neue Mitglieder?
- Welche Kreise gibt es bereits für meine Interessengebiete?
- Welche Kontakte kann ich über Kollegen am neuen Arbeitsplatz knüpfen?

2. Vergleich und Entscheidung
Meine Freundin entdeckte für sich drei Möglichkeiten:
- Gründung eines eigenen Freundeskreises für kunstinteressierte Laien
- Mitarbeit in einer bestehenden Bürgerinitiative
- Eintritt in einen Sportverein

Um eine übermäßige Verplanung der Freizeit zu vermeiden, entschied sie sich – nach einigen »Schnupperbesuchen« in verschiedenen Sportclubs – für die ersten beiden Möglichkeiten.

3. Zielbeschreibung
Diesen Schritt führte meine Freundin nur für die erste Alternative durch. Sie fragte sich:
- Welche Altersgruppe soll der Kreis umfassen?
- Was werden wir zusammen tun? Museen und Galerien besuchen? Selbst »Kunst« produzieren?
- Wie oft und wo wollen wir uns regelmäßig treffen?
- Soll es eine rein »sachlich« orientierte Gruppe mit gemeinsamen Interessen sein? Sollen sich auch persönliche Freundschaften entwickeln? Wie kann das gefördert werden?
- Was soll meine Rolle in der Gruppe sein? Will ich langfristig die Organisation verantworten? Will ich nur die Gründung initiieren und dann die »normalen« Gruppenprozesse abwarten?
- Ist es überhaupt möglich und richtig, die Art der Beziehungen unter den Mitgliedern zu steuern?
- Wie stelle ich mir heute in einem Jahr die Gruppe vor? Was soll sie für mich bedeuten?

4. Lösungsplanung
Auch diesen Plan erstellte sie nur für Alternative eins:
- Welche Zeitungen und Journale werden von den Menschen gelesen, die ich ansprechen möchte?
- Wie muß der Anzeigentext formuliert sein?
- Welche vergleichbaren Anzeigen sprechen mich an? Warum? Kann ich sie als Modelle nehmen?
- Wo und wie soll das erste Treffen aller Interessierten stattfinden?
- Soll ich jede/n, die/der sich meldet, einladen? Soll ich durch Fragen vielleicht schon »sortieren«, wer mir sympathisch ist oder nicht?
- Soll ich eine Art »Probezeit« festlegen?
- Wie groß sollte der Kreis der Mitglieder sein?
- In welchen Zeitabständen sollten die Treffen stattfinden?

5. Realisierung
Meine Freundin trat in die bestehende Bürgerinitiative ein und gab gleichzeitig mehrere Anzeigen auf zur Gründung eines Freundeskreises von Menschen mit Kunstinteresse.

6. Zielerreichung
Die Bürgerinitiative freute sich über den »Neuzugang« und stellte sich schnell als eine Gruppe netter Menschen heraus, die sich über die gemeinsame Arbeit hinaus auch persönlich füreinander engagierten.
Der Kreis der »Kunstfreunde« entwickelte sich zu einem Freundesgrüppchen von sechs Personen, die – anders als von meiner Freundin erwartet – sehr schnell selbst künstlerisch aktiv wurden. Sie besuchten gemeinsam Kurse und unternahmen nach zwei Jahren sogar eine gemeinsame »Maler-Reise« nach Tunesien. Eine Person war die geborene »natürliche Autorität« und übernahm bald die Organisation der Gruppe.

7. Reflexion der Erfahrungen
Diesen Schritt führte meine Freundin erst durch, als sie von einem Bekannten, der selber neu nach Hamburg gekommen war, gefragt wurde: »Wie lernt man hier Leute kennen?«
Für meine Freundin waren beide Wege erfolgreich gewesen: Es war angenehm, als »Neue« in eine bestehende Bürgerinitiative einzutreten und sich dort einzuleben, und es hatte ihr Spaß gemacht, selbst einen »Club« zu gründen. Sie würde es wieder so machen, sich über gemeinsame Interessen mit anderen Menschen zusammenzuschließen. Und die persönlichen Freundschaften hatten sich ganz von selbst aus den gemeinsamen Unternehmungen ergeben.

Was erlauben die sich!

Einer meiner Kollegen beschwerte sich regelmäßig im Büro über seine Nachbarn, die in der Etagenwohnung über ihm lebten.
»Die machen fast jede Nacht Terror!«, ärgerte er sich.
Nach seinen Aussagen war es die Gewohnheit der Nachbarn, fast jede Nacht – natürlich zu bester Tiefschlafzeit – Möbel zu rücken, Streitereien auszufechten und lebhafte Liebesbeziehungen zu pflegen.
Mein Kollege hatte sich schon mehrmals beschwert und sogar auch einmal die Polizei alarmiert. Aber: »Das juckt die nicht!«
Was konnte er tun? Er entschloß sich – obwohl er nicht an den Nutzen glaubte –, die Anti-Ärger-Strategie einmal zu probieren.

1. Orientierung

- Was will ich erreichen? Ruhe? Ist es mein wahrer Wunschtraum, daß die Leute aus dem Haus ausziehen? Reicht es mir, wenn ich weniger durch den Lärm belästigt werde (beispielsweise mit Hilfe einer Isolierdecke)?
- Was kann ich überhaupt erreichen? Streit? Ist auch ein gegenseitiges Verständnis möglich? Gibt es rechtliche Möglichkeiten? Muß ich mich dann vielleicht auf »Rache« gefaßt machen?
- Wie schlimm ist die Belästigung wirklich? Bin ich vielleicht vor Wut schon längst zum »Lauscher an der Wand« geworden? Wie oft werde ich tatsächlich nachts geweckt? Wie sehen andere Mieter im Haus diese nächtliche Belästigung?
- Gibt es Möglichkeiten, den Lärm durch ein objektives Verfahren zu messen und zu bewerten?

2. Vergleich und Entscheidung
Folgende Möglichkeiten zeichneten sich für meinen Kollegen im Hinblick auf die lauten Nachbarn ab:
☐ Ich ziehe aus.
☐ Ich versuche, mit den Nachbarn zu reden und sie zur Rücksichtnahme zu bewegen.
☐ Ich gehe den rechtlichen Weg.
☐ Ich ekele die Leute aus dem Haus.
☐ Ich lege mir ein dickeres Fell zu.

Für jede dieser Lösungen war zu überlegen:
☐ Wie hoch ist die Chance auf Erfolg?
☐ In welcher Zeit und mit welchem Aufwand und mit welchen Kosten kann ich etwas erreichen?
☐ Wie hoch ist das Risiko, daß der Schaden für mich größer wird als ein möglicher Nutzen?
☐ Was kann mir im schlimmsten Fall passieren?

Entscheidung: Ich ekele die Leute aus dem Haus.

Mich und die anderen Kollegen im Büro überraschte diese Entscheidung. Wir konnten uns nicht vorstellen, daß sich jemand tatsächlich daran macht, Nachbarn aus der Wohnung zu ekeln.
Über »Moral« soll an dieser Stelle gar nicht gesprochen werden. Nur: Uns Arbeitskollegen erschien diese Strategie aussichtslos und eher geeignet, mit einem oder gar beiden Beinen im »Knast« zu landen. Mich persönlich ärgerte es, daß ausgerechnet »meine« Anti-Ärger-Strategie dazu benutzt wurde, »finsteren Absichten« Struktur zu geben. Na ja.

3. Zielbeschreibung
Mein Kollege malte sich aus, wie die lärmenden Nachbarn auszogen und in einer ganz schrecklichen Wohnung landeten, wo sie schmoren sollten... Gleichzeitig stellte er sich vor,

wie über ihm liebswürdige Menschen auf Katzenpfoten einzogen, die weder Radio noch Fernseher besaßen, niemals husteten und sich durch Zeichensprache verständigten. (Vielleicht übertreibe ich hier aus Ärger über meinen Kollegen.)

4. Lösungsplanung
Der selbsternannte »Rächer der Nacht« heckte rabenschwarze Pläne aus: knallende Autotüren, verschmutzte Briefkästen, verstopfte Toiletten, nächtlicher Telefonterror, eingeseifte Treppenstufen…
Zur Bereicherung seiner Phantasie kaufte er sich sogar ein Buch über die Machenschaften professioneller »Wohnungsräumer«, die im Auftrag von Immobilienspekulanten unliebsame Mieter vertreiben.

5. Realisierung
Die erste Aktion meines Kollegen bestand darin, im Morgengrauen einen feucht-frischen Hundehaufen vom Bürgersteig zu schaben und den Nachbarn in den Briefkasten zu schmieren. Dabei wurde er von der Zeitungsfrau beobachtet. Er bekam eine Anzeige und somit neuen Ärger.

Was lernen wir daraus?
Es reicht nicht, eine gute Strategie (wie die »6+1«-Strategie) zu haben, man muß sie auch sinnvoll einsetzen.

8
Goldene Regeln

*Weil ich gut über andere denke,
kann ich gut zu ihnen sein*

Ich habe schon oft gehört, daß ein Hundebesitzer sagte: »Er merkt es, wenn man ihn mag.« Einem Hund trauen wir den Instinkt zu, zu fühlen, ob ein Mensch ein »Hundefreund« ist oder nicht.
Warum glauben wir, daß unsere menschlichen Mitwesen unsere abfälligen, mißtrauischen und boshaften Gedanken nicht bemerken? Geht es uns nicht selbst auch oft so, daß wir deutlich »wittern«, wenn uns jemand nicht mag und Freundlichkeit oder Höflichkeit nur vorgaukelt? Ist es umgekehrt nicht auch so, daß wir innerlich einen anderen Menschen abschätzig betrachten, ihn innerlich kritisieren und nach außen ein freundliches Gesicht machen?
Auf diese falschen Freundlichkeiten sollten wir verzichten. Damit sei nicht gemeint, daß wir ab sofort unsere miesen Gedanken herausposaunen und den anderen »offen und ehrlich« mitteilen, daß wir sie dumm, geschmacklos, zu fett, zu mager etc. finden. Das ist keineswegs mit dem Verzicht auf falsche Freundlichkeit gemeint.

Verzichten wir lieber darauf, ständig andere Menschen nach unserer eigenen Elle zu messen, ständig innerlich an ihnen herumzunörgeln, ständig ihre Schwächen und Fehler zu beobachten. Statt dessen sollten wir bewußt auf das Liebenswürdige, das Angenehme und Schöne achten und den anderen Menschen aus ganz ehrlichem Gefühl heraus unsere Wertschätzung entgegenbringen.

Ich habe bei mir selbst bemerkt, wie ein bewußtes Training von freundlichen Gedanken über meine Mitmenschen offensichtlich mein Verhalten ihnen gegenüber geändert hat. Ich könnte nicht einmal sagen, was ich heute anders tue als vor diesem Training. Mir fällt lediglich auf, daß seither andere mir wesentlich netter entgegenkommen. Selbst jene Menschen, denen ich beim ersten Kontakt anmerke, daß sie mich kritisch unter die Lupe nehmen, entpuppen sich über kurz oder lang als sehr angenehme und hilfsbereite Zeitgenossen. Ich gehe einfach davon aus, daß sie es nicht böse meinen und daß es nur eine schlechte Gewohnheit ist, sofort die Macken an neuen Bekannten feststellen zu wollen. Ich gestehe jedem das Recht zu, sich davon zu überzeugen, daß ich tatsächlich weder körperlich noch geistig vollkommen bin. Nun gut. Muß ich deshalb beleidigt sein?

Versuchen Sie es auch. Hören Sie auf, kritisch über Ihre Mitmenschen zu denken. Nehmen Sie die anderen wie sie sind, und kommen Sie ihnen mit freundlichen Gedanken entgegen. Sie werden staunen, wieviel Ärger Sie sich ersparen und wie viele nette Leute Sie fortan kennenlernen!

Tratsch: Ohren auf – Mund zu

Diesen Ratschlag hörte ich einmal in einem Seminar für Manager. Es ging um das Thema »Tratsch im Unternehmen«.

Sich von den Geschichten und Botschaften der modernen »Buschtrommeln« ganz fernzuhalten, mag zwar von Charakterfestigkeit zeugen, kann jedoch für das berufliche Fortkommen negativ sein. Nicht selten sind es die inoffiziellen Informationen, die einem weiterhelfen oder die eine Warnung vor unüberlegten Aktionen sind. Man sollte sehr wohl den Tratsch kennen, um über unterschwellige Strömungen, diskrete Machtspiele und Verschiebungen der Einflußbeziehungen informiert zu sein und entsprechend reagieren zu können. Man sollte es sich jedoch unbedingt zur Regel machen, selbst den Mund fest geschlossen zu halten. Man sollte nie selbst die Quelle von Tratsch sein. Der Volksmund sagt: »Der Fisch stirbt am offenen Maul.«

Im privaten Umfeld ist es nicht anders. Niemals darf eine »heiße« Geschichte bei Ihnen ihren Anfang nehmen oder von Ihnen weiterverbreitet werden. Auch jene, die begierig zuhören, werden letztlich denjenigen, der ihnen etwas erzählt, für schwatzhaft halten. Sie denken sich doch sicherlich auch: »So wie man bei mir über andere spricht, so spricht man bei anderen über mich.«

Gerade im privaten Umfeld kann es sogar besser sein, auch die Ohren fest zu verschließen. Es ist nicht notwendig, daß Sie über die sexuellen Beziehungen, die finanziellen Reserven, die verwickelten Familienbande und womöglich längst abgesessenen Vorstrafen Ihrer Nachbarn unterrichtet sind. Ich habe oft erlebt, daß Menschen sich auch über lediglich gehörte Tratschgeschichten schrecklich geärgert haben.

Ganz besonders »freuen« wir uns natürlich, wenn uns jemand unter dem Siegel der Verschwiegenheit berichtet, was wiederum andere Leute an bösartigen Lügen über uns selbst verbreiten. Und wenn wir im Geheimen wissen, daß die Lügen über uns auch noch einen schmerzlich wahren Kern haben, dann kennt der Ärger keine Grenzen mehr.

Merksatz:
Ich forsche nicht nach Tratsch im Privatleben. Ich gebe weder beruflich noch privat Tratsch weiter.

Geteilter Ärger ist doppelter Ärger

Gehen Sie mit Ihrem Ärger nicht hausieren. Wie oft hat man sich im Ärger bei einem anderen Menschen »ausgesprochen« und ist den Ärger dadurch vielleicht sogar losgeworden. Aber was ist mit dem Gesprächspartner? Belastet er sich womöglich noch lange mit unseren Sorgen? Dann kann es sogar passieren, daß uns der andere später wieder auf das Thema hin anspricht, das wir selbst schon vergessen haben – und in der Erinnerung ärgern wir uns ein zweites Mal. Oder es ist uns inzwischen peinlich, überhaupt darüber gesprochen zu haben.
Mir selbst erging es früher manchmal sogar so, daß ich mich im Ärger bei anderen Menschen richtig wütend ausgelassen habe über die Person, die mir den Ärger bereitet hat. Und später, wenn ich mich längst wieder mit meinem »Gegner« vertragen hatte, konnte ich mich darüber ärgern, daß ich so schlecht bei anderen über ihn gesprochen hatte und mußte befürchten, daß derjenige es erfährt und der Streit von neuem losgeht.
Bei Ehestreitigkeiten anderer Leute wird man leicht zur »besten Freundin« oder zum »besten Freund« des einen Partners. Da wird einem geschildert, wie gemein der andere ist, was er oder sie sich schon alles an Boshaftigkeiten geleistet hat... Wehe, wenn man sich dann einmischt! Wie oft hat man hinterher Ärger, wenn sich die beiden wieder vertragen und sich erinnern, daß die »beste Freundin«/der »beste Freund« gar nicht nett über den Partner gesprochen hat. Ich halte mich

bei derartigem Ärger anderer Leute inzwischen konsequent zurück.

Auch in anderem Zusammenhang kann man sich ärgern. Mir hat über mehrere Jahre hinweg ein Bekannter ständig geschildert, wie schrecklich sein Chef und seine Kollegen zu ihm seien, wie unmöglich es wäre, in seiner Branche und in seinem Alter und in der Nähe von Bremen eine neue Stelle zu bekommen. Ich war so voller Mitleid, daß ich immer wieder in der Samstagszeitung bei den Stellenanzeigen auch nach Angeboten in seinem Bereich suchte. Wie oft habe ich Anzeigen ausgeschnitten und ihm geschickt! Er bewarb sich aber nie, sondern klagte weiter über sein Elend.

Eine meiner Bekannten litt unter Geldnot. Sie erhielt nur sehr wenig Arbeitslosengeld und mußte einmal ihr Auto reparieren, dann in der Wohnung die Heizung umbauen, dann konnte sie sich das Fleisch für die Grillparty nicht leisten... Uns, ihren Freunden, rechnete sie ständig vor, wie gut wir es hatten, wie selbstverständlich wir uns Urlaube, modische Kleidung, teure Restaurants etc. leisten konnten. Wie oft haben wir für die »Arme« mitbezahlt oder ihr Geld geliehen. Wie oft hatten wir ein schlechtes Gewissen, wenn wir das einmal nicht taten! Können Sie sich vorstellen, daß ich mehr als ein Jahr brauchte, bis mir bewußt wurde, daß die arme Arbeitslose nur deshalb so arm war, weil sie selbst ihre Stelle gekündigt hatte und konsequent keine neue suchte? Es war nämlich ihr Ziel, einen Roman zu schreiben. Dem wollte sie sich widmen und glaubte deshalb, keine Zeit zum Geld verdienen zu haben.

Auch ich hätte am liebsten nur schreibend zu Hause sitzen mögen. Statt dessen verbrachte ich den größten Teil meiner Freizeit am PC, verdiente bei Tage meinen Lebensunterhalt und mußte mir dafür auch immer wieder von der »armen Arbeitslosen« anhören, wie schrecklich diese »Karrieremenschen« (sie meinte mich) sind. Als mir das Ausmaß dieser

Infamie bewußt wurde, fraß mich der Ärger über jede Mark, die sie von mir bekommen hatte, förmlich auf.

Merksatz:
Ich gehe ab sofort nicht mehr mit meinem Ärger hausieren.
Ich lasse mir nicht mehr »die Ohren volljammern« von Menschen, die ihre Probleme hätten lösen können, aber nicht gelöst haben.

Auf vorauseilenden Ärger verzichten

»Vorauseilender Ärger« ist wie Hefeteig. Er fängt ganz klein an, kreist in unseren Gedanken und wird dabei immer größer und größer und bringt uns förmlich zum Platzen.
Ein Freund von mir hatte seinen Termin beim TÜV gemacht. Schon am Abend davor schilderte er uns, was für ein Giftzahn sein Auto dort auseinandernehmen würde, wie »diese Typen« die »Bonzen« mit ihren Luxuswagen doch glatt unbehelligt lassen würden... Der Mann war bereits stinkwütend auf den TÜV-Prüfer, bevor er überhaupt zum Termin vorfuhr.
Eine Freundin wollte unbedingt Pizza essen. Sie war fast süchtig danach. Doch leider machte ihr Mann wieder einmal eine Fastenkur. Ihm zuliebe konnte sie deshalb keine duftende Pizza mit nach Hause bringen. Ins Restaurant begleiten konnte er sie natürlich auch nicht wegen der vielen Verlockungen, und so mußte sie notgedrungen allein zum Essen ausgehen. Stunden zuvor ereiferte sie sich bereits über die Boshaftigkeit von Wirten und Kellnern, die einer Frau sowieso nur den Tisch vor den Toilettentüren zugestehen würden, die ihr eine viel zu kleine Portionen lieblos servieren und

verächtliche Blicke nachwerfen würden... Wenn ich mir ausmale, mit welcher Miene die Freundin das Lokal betrat, dann kann ich mir auch vorstellen, wie erfreut und liebenswürdig die entzückten Kellner sie wahrscheinlich empfangen und bedient haben.

Wer weiß nicht schon vorher, daß der Mensch vom Finanzamt ein mieser Charakter ist? Wer hat nicht schon vorher geahnt, daß die zugezogene Familie mit den drei Kindern pausenlos Dreck und Lärm verbreiten würde? Wer geht nicht davon aus, daß der Studienrat in der Reisegruppe alle mit seinem besserwisserischen Geschwätz terrorisieren wird?

Achten Sie einmal darauf, wie oft wir uns bereits innerlich auf die Dummheit, Bosheit oder Tücken anderer Menschen einstellen, noch bevor wir den betreffenden Personen überhaupt begegnet sind. Wir »wissen« immer schon ganz genau, welchen Ärger die anderen Menschen uns bereiten werden, und beginnen dann auch gleich mit dem Ärgern. Innerlich schimpfen wir schon auf dem Weg zur Badeanstalt mit den Leuten, die uns wieder über das Handtuch laufen werden, und innerlich halten wir bereits höhnische Gegenreden, wenn wir auf dem Weg zur politischen Veranstaltung der »feindlichen Partei« sind. Wir regen uns schon im Flugzeug über das quietschende Bett am Urlaubsort auf und ereifern uns bereits darüber, daß uns die Reisegesellschaft sicherlich nicht die »entgangenen Urlaubsfreuden« ersetzen wird. Wir gehen ins Kino und zetern in Gedanken bereits über die Gummibärchenfetischisten, die ganz bestimmt pausenlos mit ihren Tüten knistern werden, und über all die doofen Werbefilme, die man uns wieder vor dem Hauptfilm zeigen wird.

Es gibt Menschen, die brauchen heute nur an morgen zu denken und sind schon verärgert. Wissen sie denn, ob sie den nächsten Tag noch erleben? Vielleicht fällt ihnen ja heute ein

Blumentopf auf den Kopf. Vielleicht laufen sie – blind vor Wut – heute vor ein Auto. Wozu dann der Ärger?

> **Merksatz:**
> Ich ärgere mir nur, wenn ich tatsächlich Ärger habe. Ich bereite mich nicht auf möglichen zukünftigen Ärger vor.
> Wenn mein Ärger mir in Gedanken vorauseilt, dann lasse ich ihn laufen und verzichte konsequent auf das Mitdenken.

Tretminen meiden

Es gibt Gesprächsthemen, die führen unweigerlich zu Streit. Oft wissen wir sehr wohl, welche Stichworte oder welche geäußerten Meinungen unsere Freunde und Bekannten in Rage bringen – nicht ungern stochern wir manchmal in den empfindlichen Seelenwinkeln anderer herum und bringen durch ein paar scheinbar achtlos hingeworfene Sätze unser Gegenüber auf die Palme. Aber kommt es dann nicht auch immer wieder vor, daß der andere in seinem Ärger etwas sagt, was wiederum uns ärgert?
Wenn wir wissen, daß Onkel Willi bei dem Gedanken an japanische Autos »hochgeht« und schließlich unser eigenes Auto – zum Beispiel einen Toyota – verächtlich macht, warum müssen wir ihm unbedingt die neueste Statistik des ADAC über Pannen und Mängel unter die Nase halten, wenn diese sich liest wie eine Siegerehrung japanischer Autos?
Wenn wir wissen, daß unser Kollege sich ärgert, weil all seine Studienfreunde Geschäftsführer oder Top-Manager geworden sind, während er über den »Gruppenleiter« nie hinaus-

gekommen ist, warum müssen wir ihn dann fragen, ob seine Frau ihm eigentlich deswegen Vorwürfe macht?
Wir tun es, weil es uns Spaß macht, den anderen sich winden zu sehen, sich aufregen und ärgern. Aber Vorsicht! Der Spaß kann sehr kurz sein. Womöglich kennt unserer Ärger-Opfer auch unsere Wunde im Herzen und fängt an, darin zu bohren. Denn: Niemand ärgert sich gern allein!

Merksatz:
Ich meide Gesprächsthemen, Wörter und Sticheleien, die wahrscheinlich bei anderen Menschen zu Verärgerung und Rachegelüsten führen.

Kein Ärgernis geben

Das Gebot »Du sollst kein Ärgernis geben«, kennen wir. Manche Menschen mögen nicht wissen, daß es aus der Bibel stammt. Manche mögen auch schon erlebt haben, daß dieser Spruch zur Durchsetzung eigener Ansichten zitiert wurde.
Ich erinnere mich an eine Diskussion während meiner Schulzeit zwischen unserer Deutschlehrerin und uns Schülern. Wir Schüler wollten unbedingt zum gemeinsamen Theaterbesuch Jeans tragen. Unser Argument: Der Kunstgenuß kann nicht von der Spießigkeit zur Schau gestellter Garderoben abhängig sein. Es geht um das Stück und seine künstlerische Aussage und nicht um einen Wettbewerb der schönsten Kleider im Publikum. Unsere Lehrerin vertrat die Ansicht, ein Theaterbesuch sei ein »besonderer Anlaß« und müsse daher entsprechend durch die Kleidung gewürdigt werden. Als sie gegen uns pubertierende »Rebellen gegen Spießigkeit und Konventionen« nicht ankam, verwies sie auf die verletzbaren Gefühle der anderen Theaterbesucher. Diese seien es seit Gene-

rationen gewohnt, sich für einen Theaterbesuch »gut« anzuziehen. Unsere Jeans würden sie stören. »Du sollst kein Ärgernis geben«, mahnte uns unsere Lehrerin. Wir gingen natürlich trotzdem mit Jeans zur Vorstellung. Unsere Lehrerin ärgerte sich so sehr, daß sie keinen Theaterbesuch mehr mit uns unternahm. Das ärgerte uns dann wieder.
»Du sollst kein Ärgernis geben.« Dieser Spruch sollte nicht so verstanden werden, daß wir uns immer den Wünschen unserer Mitmenschen fügen. Notfalls können wir ihn auch einmal umformulieren und denen, die uns etwas aufzwingen wollen, sagen: »Du sollst kein Ärgernis nehmen.« Wir sind auch nicht dafür verantwortlich, wenn andere uns nach ihren Wertvorstellungen beurteilen und sich über uns ärgern. Trotzdem gilt die Regel, daß wir immer wieder versuchen sollten, darauf zu verzichten, anderen Menschen Ärger zu bereiten. Das ist vergleichbar dem Verzicht auf Tretminen.
Ich kenne einen Mann, der als einziger Nicht-Katholik in einer ländlich-katholischen Nachbarschaft lebt. Dieser Mann hat es sich zum Spaß gemacht, sonntags im Garten zu graben, Kaminholz zu hacken und die Fenster zu putzen. Es amüsiert ihn, daß die Katholiken sich in ihrer »Sonntagsruhe« gestört fühlen und sich ärgern. Muß das sein? Ich meine, der Mann sollte aufhören, die Nachbarn zu ärgern, und die Nachbarn sollten aufhören, ihn zu beobachten und sich über ihn zu ärgern.
Ein vergleichbares Beispiel habe ich in einer Unternehmensberatung erlebt. Dort gab es für die Mitarbeiter mit Kundenkontakt Kleiderregeln. Es war zum Beispiel verboten, braune Anzüge zu tragen oder gestreifte Hemden. Eine Regel war: »Das Tragen weißer Socken ist verboten.« Nun kann man natürlich heftig streiten, ob solche Kleidervorschriften sinnvoll, »menschenwürdig«, notwendig oder schikanös sind. Auf jeden Fall hatten sich die Mitarbeiter an diese Regeln gewöhnt und hielten sich weitgehend daran. Nur ein »Indi-

vidualist« konnte es nicht lassen. Er kaufte sich konsequent Socken in allen Variationen von Quietsch-Gelb, Schweinchen-Rosa oder Sünden-Lila. »Die sind nicht weiß«, pflegte er zu sagen, wenn sich sein Chef rotärgerte. Als sich sein Chef später bei der Zuweisung neuer Dienstwagen »rächte« und ihm nur einen Mittelklassewagen gab, ärgerte sich der »Individualist« natürlich über die »ungerechte Behandlung«. Es war wieder ein Beispiel dafür, daß Ärger sehr anhänglich ist. Er kommt fast immer wieder zu der Person zurück, die ihn ausgeschickt hat.

Merksatz:
Je weniger ich die anderen ärgere, desto weniger haben andere das Bedürfnis, mich zu ärgern.
Darum: Ich gebe kein Ärgernis.
Ich ärgere andere Menschen nicht zu meinem Vergnügen und lasse mich meinerseits nicht von jenen provozieren, denen es Spaß macht, mich zu ärgern.

Den eigenen Niederlagen keine Denkmäler bauen

Oft ärgern wir uns über uns selbst: »Warum habe ich dies getan?«, »Warum habe ich nicht das getan?«, »Wie konnte ich mich nur so blamieren?«, »Warum habe ich nicht…?«
Wir machen immer wieder Fehler. Meist wissen wir es erst im Nachhinein besser. Oft hätten wir jedoch bei etwas mehr Überlegung Fehler vermeiden können. Viele Dinge lassen sich vertuschen oder beschönigen oder auch ganz verheimlichen. Manchmal aber ist es wie verhext, wenn uns Fehler und Schwächen direkt unter den Augen anderer Menschen passieren.
Niemand von uns kann im Leben von einem Triumph zum nächsten ziehen. Wir erleben alle unsere Niederlagen und

Fehlschläge. Wir alle haben auch Grund genug, uns selbst an etlichen unserer Niederlagen die »Schuld« zu geben.

Die Menschen unterscheiden sich jedoch darin, *wie* sie mit ihren Niederlagen, Pannen und Peinlichkeiten fertigwerden. Die Robusten nehmen solche Dinge bedauernd zur Kenntnis. Wenn sie klug sind, lernen sie daraus, legen aber dann den betreffenden Vorfall »zu den Akten«. Ihre Einstellung läßt sich so umschreiben: »Es ist passiert. Es ist mir unangenehm. Es läßt sich jedoch nicht mehr ändern. Ich vergesse es.« Diese Menschen können nach einer Niederlage einen neuen Anfang machen.

Es gibt auch Menschen, die ihre Niederlagen sogar vor sich selbst noch beschönigen. Wenn sie zum Beispiel eine Prüfung nicht bestanden haben, dann reden sie sich ein, daß sie diese im Grunde gar nicht bestehen wollten/daß es eine völlig überflüssige Prüfung war/daß sie das Opfer fremder Bosheiten geworden sind... Möglichst schnell wird die Erinnerung an negative Ereignisse im eigenen Gedächtnis verschleiert und verdrängt. Diese Taktik hilft fast immer nur oberflächlich. Unbewußt oder in Träumen oder in einem völlig anderen Zusammenhang nagt der Ärger als »unerledigtes Problem« weiter. Das kann zu Verbitterung und allgemeiner Griesgrämigkeit führen. Wir kennen solche Menschen. Ihre Gesichter sehen aus wie das wandelnde Leiden an der Welt. Wenn man sie fragt, wie es ihnen geht, dann kann man sich auf griesgrämige Antworten gefaßt machen, wie »Danke, es muß ja.«, »Ach, man darf nicht klagen. Vielen geht es ja noch schlechter.« Sie können nicht einmal sagen: »Mir geht es miserabel. Drücken Sie mir die Daumen, daß es bald besser wird.«

Andere »Verlierer« können eine halbe Ewigkeit über ihre Niederlagen grübeln. Sie wissen nach Wochen und Monaten noch, wie sie peinlicherweise mit offenem Reißverschluß durch die Fußgängerzone gelaufen sind und sicherlich von

Tausenden von Menschen grinsend betrachtet wurden. Diese Menschen haben noch als Rentner eine klare Erinnerung daran, daß sie in der Schule beim Diktat die meisten Fehler hatten. Sie können Ihnen sicherlich auch einen genauen Bericht erstatten über den Schurken, der ihnen vor Jahren auf dem Aldi-Parkplatz den Einkaufswagen in das Auto gerammt hat und einfach weitergegangen ist. Die Gedanken solcher Menschen sind durchzogen von lebhaften Erinnerungen an derartige Ereignisse. Sie haben in der Landschaft ihres Gedächtnisses jeder Niederlage, jeder Pleite und jeder Panne ihres Lebens ein Denkmal errichtet. Kein Wunder, daß sie ständig daran denken müssen!
Prüfen Sie Ihre eigenen Erinnerungen. Wandern Sie in Gedanken durch Ihre Vergangenheit. Kommen Sie auch ständig an solchen Denkmälern vorbei? Wenn dem so ist, dann nehmen Sie doch noch einmal einen Zettel. Zeichnen Sie kleine Grabsteine darauf, und beschriften Sie jeden mit einem Stichwort zu den verschiedenen Fehlschlägen und schlechten Erinnerungen. Wenn Sie nach ein paar Tagen den ganzen Friedhof Ihrer schwarzen Gedanken fertig haben, dann zerreißen Sie den Zettel in tausend Fetzen.

Merksatz:
Nie wieder baue ich einer meiner Niederlagen ein Denkmal.
Ich setze statt dessen meinen Siegen und Triumphen Denkmäler in meinem Gedächtnis.

Sich nicht an den Niederlagen anderer weiden

Während meiner beruflichen Tätigkeit konnte ich häufig erleben, wie Kollegen sich gegenseitig belauerten und ständig hofften, beim anderen das Scheitern von Projekten möglichst detailliert mitzuerleben. Wer selbst bei einem Kunden im Einsatz war und den Ort der jeweils aktuellen Katastrophe nicht persönlich aufsuchen konnte, rief regelmäßig im Büro an: »Wie geht es dem Müller (oder Meier, oder…)? Hat ihn der Auftraggeber schon gefeuert? Wie hoch ist der Schaden? Wird die Firma verklagt?«

Während meiner Kindheit belauschte ich einmal das Gespräch der Erwachsenen in einem Laden. Sie sprachen über eine ledige junge Frau, die angeblich zu einer Kur gewesen war und nun erstaunlicherweise einen sehr viel flacheren Bauch hatte. Da konnte doch wohl etwas nicht stimmen. Oder?

Manche Menschen scheinen wie Geier um das Leben anderer zu kreisen. Ständig haben sie ihr scharfes Auge auf das gerichtet, was ein anderer vielleicht lieber verheimlichen möchte. Aber die »Geier« entdecken alles:

- ☐ Wer hat mißratene Kinder?
- ☐ Wessen Ehe bröckelt?
- ☐ Wer ist durch das Examen gefallen?
- ☐ Wem sind die Schulden über den Kopf gewachsen?
- ☐ Wessen Geschäft steht vor dem Konkurs?
- ☐ Wer ist ständig geschmacklos gekleidet?
- ☐ Wem ist die Gülle in den Keller gelaufen?

Nicht selten tarnen sich die Unglücksfledderer durch Mitleid und Anteilnahme. Sie besuchen den Verunglückten im Krankenhaus und informieren die halbe Stadt über die schaurigen Narben im Gesicht. Sie setzen sich kollegial zum gescheiterten Projektleiter und können danach jedem berichten, wie dieser sein Vorhaben »in den Sand gesetzt« hat. Sie zeigen Verständnis für die Mutter des jugendlichen Autoknackers und ermutigen sie, sich alles von der Seele zu reden. Das gibt ihnen einen Informationsvorsprung, um den sie alle beneiden.

Wenn wir jedoch darauf verzichten, an Wänden und Türen zu lauschen, uns nach den Niederlagen anderer Menschen zu erkundigen und die Orte von Katastrophen aufzusuchen, dann verzichten wir nicht nur auf boshafte Lust. Wir ersparen uns auch jede Menge Ärger. Das liegt daran, daß Menschen fast immer anderen genau das unterstellen, was sie selber tun. Der Neugierige glaubt daran, daß Postboten die Ansichtskarten lesen, bevor sie diese in den Briefkasten stecken. Die Ladendiebe sind überzeugt, daß die Kassierer falsche Preise abrechnen...

Je mehr wir uns an den Pannen, Niederlagen und Unglücksfällen anderer ergötzen, desto mehr fürchten wir, daß andere bei uns entdecken, was wir nicht entdeckt wissen wollen. Desto mehr fühlen wir uns belauert und in unserem Unglück verhöhnt. Je konsequenter wir aber darauf verzichten, das Leben anderer auf Schwachstellen hin zu untersuchen, desto unwichtiger wird es uns, was andere Menschen über uns herausgefunden haben mögen. Das spart viel Ärger.

Merksatz:
Ich suhle nie wieder in den Niederlagen anderer Menschen und gönne trotzdem jedem das Vergnügen, sich an meinem Pech zu erfreuen.

Ich bin Egozentriker und lebe mein eigenes Leben

Wir lernen schon als Kinder, immer hilfsbereit zu sein. Und mit Abscheu hören wir von Menschen, die nur an sich selbst denken und sich nicht um andere kümmern. Es ist gleichzeitig aber auch wahr, daß sich immer wieder »selbstlose« Menschen in unser Leben drängen, uns Ratschläge geben oder uns helfen wollen. Wir empfinden dies als lästig oder auch nur als neugierig.

Oft ist es so, daß wir für die Probleme anderer tausend gute Ideen haben – und dann ärgern wir uns, wenn die von uns Beratenen unseren Hinweisen nicht folgen. Auf der anderen Seite gehen uns, wenn wir selbst in Schwierigkeiten sind, diejenigen auf die Nerven, die mit naseweisen Sprüchen unsere Probleme kommentieren.

Wir können uns und anderen eine Menge Ärger ersparen, wenn wir darauf verzichten, uns gegenseitig ins Leben hineinzuregieren.

Merksätze:
Ich helfe anderen Menschen nicht mehr ungefragt.
Ich verzichte darauf, die Probleme anderer Menschen zu lösen.
Ich höre auf zu kontrollieren, ob die anderen meine Ratschläge befolgen.
Ich lasse nicht zu, daß andere Menschen mein Leben organisieren.

Zu einem echten »Egozentrikerleben« gehört nicht nur das konsequente Kehren vor der eigenen Tür. Dazu gehört auch der Verzicht auf ständige Beobachtung und Belauschung der Mitmenschen.

Merksätze:
Ich versuche nicht herauszufinden, was andere von mir halten oder über mich reden.
Ich versuche nicht, anderen zu imponieren oder ihnen meine Überlegenheit vorzugaukeln.
Ich verzichte in Streitgesprächen auf das letzte Wort und auf »Rache« für verbale Angriffe.
Ich verzichte darauf, mich mit anderen zu vergleichen.
Ich muß nicht alles haben, was »man« haben muß.
Ich konzentriere mich auf mich selbst.

9
Ärgerliche Erfolgsbremsen

Von »Bremsklötzen« und »gebundenen Händen«

Sehr oft wissen wir durchaus, wie wir uns von einem bestimmten Ärger befreien könnten. Trotzdem tun wir es nicht. Warum? Es gibt verschiedene Bremsen oder Stolpersteine oder Lähmungsgründe, die uns daran hindern, mit Erfolg das zu tun, was wir tun müßten, um unseren Ärger loszuwerden. Die wichtigsten Bremsklötze sind immer wieder dieselben:

☐ Angst, sich und anderen Ärger zu bereiten
☐ Unfähigkeit, nahenden Ärger als solchen bei Zeiten zu erkennen
☐ Mutlosigkeit und »schlechte Erfahrungen«
☐ Angst vor Veränderungen und Ungewißheiten

Was können Sie tun, wenn Sie sich selber immer wieder Fußangeln auf den Weg zum »ent-ärgerten« Leben legen? Lesen Sie die folgenden Beispiele durch. Danach kleben Sie wieder einen leeren Zettel an eine Tür Ihrer Wohnung und schreiben darauf: »Was hindert mich eigentlich daran, mir meinen Ärger vom Halse zu schaffen?« Sammeln Sie im Verlauf mehrerer Tage so viele Ideen, wie Ihnen nur einfallen. Wann haben

Sie einen bestimmten Ärger weiterhin ertragen? Warum? Schreiben Sie es auf.
Picken Sie dann der Reihe nach Ihre Bremsklötze oder Fußangeln heraus, und bearbeiten Sie sie nach der Anti-Ärger-Strategie. Wenn Sie immer noch glauben, an bestimmten Dingen nichts ändern zu können, weil Ihnen »die Hände gebunden« sind, dann trainieren Sie wenigstens, daß Sie ab sofort jeden Gedanken an die Ärgerquelle konsequent aus Ihrem Bewußtsein streichen.

Merksatz:
Entweder ich schaffe mir meinen Ärger vom Hals oder ich höre auf, mich darüber zu ärgern.

Ich will mir keinen Ärger machen

Diese Ausrede benutzen wir gern, wenn wir gefragt werden, warum wir uns bestimmte Dinge überhaupt gefallen lassen. Das bedeutet nichts anderes, als daß wir Ärger weiterhin ertragen aus Angst, uns durch das Befreien vom Ärger neuen Ärger zu machen. Das klingt verworren. Es trifft jedoch auf viele Menschen zu. Da sind die Nachbarn, die immer ihre lehmverschmierten Stiefel auf unserer Matte abstreifen. Man ärgert sich darüber, sagt jedoch nichts, um es sich nicht mit den Nachbarn zu verderben. Der Kollege plaudert pausenlos über seine Privaterlebnisse. Man kann sich in seiner Gegenwart nicht auf die Arbeit konzentrieren, macht Fehler und muß womöglich deshalb abends länger im Büro bleiben. »Jemand« müßte dem Kollegen einmal sagen, wie sehr er stört. Man selbst will sich jedoch keinen Ärger bereiten. Also wird weiter das Geplapper ertragen.
Fast immer steckt hinter dem Satz »Ich will (oder: wollte) mir keinen Ärger einhandeln« die Sorge, sich bei den betreffen-

den Menschen unbeliebt zu machen oder in Streit zu geraten.
»Um des lieben Friedens willen« werden dann Ärgerlichkeiten geschluckt, die man eigentlich nicht schlucken sollte.
Aber Vorsicht! Auch das kann passieren: Man »frißt« den Ärger stillschweigend in sich hinein. Der andere bemerkt nichts oder glaubt sogar, sich noch mehr herausnehmen zu können, oder ahnt nicht einmal, daß sein Verhalten zu Ärger führt. Und dann kommt unweigerlich der Tropfen, der das Faß zum Überlaufen bringt. Und dann ist der Ärger, den man immer vermeiden wollte, viel größer.

Merksatz:
Um mir Ärger vom Hals zu schaffen, bin ich bereit, notfalls rechtzeitig Ärger in Kauf zu nehmen.

Ich war einmal als Unternehmensberaterin für mehrere Wochen in Stuttgart eingesetzt. Montags flog ich von Hamburg dort hin und freitags wieder zurück. Gleichzeitig arbeitete ein Kollege aus Wiesbaden mit mir in Stuttgart. Wir hatten Zimmer im selben Hotel.
Der Kollege war ein sehr netter und hilfsbereiter Mensch. Ich mochte ihn wirklich gerne leiden. Allerdings war er recht gesellig. Er sagte, er freue sich, in Stuttgart nicht allein zu sein. Da weder er noch ich dort Bekannte hatten, könnten wir beide etwas gemeinsam unternehmen. Eine seiner ersten Fragen, als wir uns an unseren Schreibtischen gegenübersaßen war: »Was machen wir heute abend? Was wollen wir essen?«
– Wir!
Ich selbst bin ein Mensch, der in der Freizeit gerne unabhängig ist, aber ich wollte nicht abweisend sein. Also ging ich mit dem freundlichen Kollegen zum Essen und danach auf ein Bier in eine Kneipe. Als ich um ca. 23:00 Uhr wieder in meinem Hotelzimmer war, konnte ich nur noch ins Bett fallen. Hinter mir lag ein anstrengender Tag in Kostüm und Stöckelschuhen, gefolgt

von einem ebenso anstrengenden Abend mit zuviel Essen, zuviel Alkohol und zu langweiligem Small-talk.
Am nächsten morgen wollte ich gerade zum Frühstück die Zeitung aufschlagen, als mein Kollege auch schon mir gegenüber Platz nahm und noch einmal auf einige Themen unserer Arbeit beim Kunden zu sprechen kam. Er ignorierte meine Versuche, die Zeitung zu lesen (meine Lieblingsbeschäftigung beim Frühstück). Er redete auf mich ein und verlangte beharrlich Antworten und Meinungen von mir. Im Taxi plauderte er. Bei der ersten Tasse Kaffee im Büro plauderte er. In der Kantine plauderte er. Nach dem Mittagessen fragte er: »Und was machen wir heute abend?«
Ich deutete an, daß ich abends gerne allein ausgehe. Aber nein, meinte er. Das sei doch nicht nötig. Er kümmere sich abends gerne um mich. Ich sagte, daß ich ein Morgenmuffel bin und gerne beim Frühstück in aller Ruhe die Zeitung lese. Aber nein, erwiderte er, da solle ich mir keine Gedanken machen, er werde mich morgens gerne ein wenig aufmuntern. Spätestens hier hätte ich sagen sollen: »Herr Meier, ich finde Sie sehr nett. Leider bin ich eine schrullige Einsiedlerin und will ab sofort außerhalb der Dienstzeiten meine Ruhe haben. Basta!« (Ich hätte es vielleicht etwas sanfter formuliert.)
Was tat ich statt dessen? Ich lächelte und bedankte mich sogar dafür, daß der nette Kollege sich so um mich kümmerte. Um mir wenigstens hin und wieder Zeit zu verschaffen, die ich nach meinen Bedürfnissen verbringen konnte, schützte ich gelegentlich Kopfschmerzen vor, zog mich in mein Zimmer zurück und schlich dann wie ein Dieb durch den Hinterausgang abends aus dem Hotel!
Warum tat ich das? Ich wollte mir keinen Ärger machen. Ich wollte nicht, daß der Kollege möglicherweise beleidigt reagiert, wenn ich nicht jeden Abend mit ihm ausgehe.
Etwa drei Wochen später waren wir bei der Arbeit so unter Druck, daß ich die Beherrschung verlor. In mehr als gereizter

Stimmung hielt ich meinem fassungslosen Kollegen vor, wie sehr er mir tagein, tagaus auf die Nerven ging, wie sehr mich die Abende mit ihm langweilten, wie sehr ich es haßte, ständig beim Bier mit ihm in Kneipen zu sitzen und mir anhören zu müssen, was er in zwanzig Jahren Berufsleben alles erlebt hatte... Es ärgerte mich zusätzlich, drei belastende und »fremdbestimmte« Wochen ertragen und die Beherrschung verloren zu haben und daß ich einem Mann die Vorurteile bestätigt hatte, Frauen seien schwächlich, kränkeln ständig (meine vorgespielten Kopfschmerzen) und bekämen unberechenbare Gefühlsausbrüche (meine Vorhaltungen).

Ärger? Ich doch nicht!

Es gilt heute in vielen Kreisen als unfein, Probleme, Sorgen oder Ärger zu haben. Wir streben danach, als aktive, positive und unkomplizierte Menschen voller Optimismus und Erfolgspotential zu gelten. Diese sonnige Ausstrahlung spielen wir nicht nur unseren Arbeitskollegen und Freunden vor; mehr und mehr glauben wir selbst an uns als »happy people«. Manche Menschen wollen ihren Ärger oder mögliche Ärgerquellen nicht erkennen. Selbstsicher und unkritisch gehen sie davon aus, daß es dies nur bei »schlappen Versagern« und »wehleidigen Gestalten« geben kann. Bei ihnen selbst ist alles wunderbar.
Ist ein solches »positives Denken« schädlich? Ist es nicht sogar gut, den eigenen Ärger gar nicht zur Kenntnis zu nehmen? Jein. Wir sollten auf keinen Fall ständig in unserer eigenen Tragik schwelgen; dadurch gehen wir nicht nur unseren Mitmenschen auf die Nerven, wir bieten ihnen auch ein Schauspiel der Komik. Auf der anderen Seite sollten wir tatsächlich vorhandenen Ärger nicht unterdrücken (»verdrän-

gen«). Es ist nämlich so, daß unser Unterbewußtsein den Ärger sehr wohl zur Kenntnis nimmt. Auch der stärkste Ehrgeiz, ein positiver und problemloser Erfolgsmensch zu sein, kann nicht verhindern, daß der unterschwellige Ärger sich bemerkbar machen will.

Wie macht er das? Der eine bekommt ein Magengeschwür, der andere eine Herzattacke. Der eine raucht pausenlos, der andere zuckt im Gesicht... Achten Sie einmal in Ihrem Berufsumfeld darauf, wie oft Sie ausgerechnet bei den ganz besonders professionellen Optimisten Ärgersymptome entdecken: Nervosität, zerstörte Familienverhältnisse, zuviel Alkohol, Angst vor Stille und Ruhe (ständige Musikberieselung und tägliche Termine mit Freunden und Vereinen), zwanghaftes Kaufen von Statussymbolen... Besonders deutlich wird versteckter Ärger in Zusammenhang mit typischen Streß-Krankheiten. Hierfür gibt es oft sogar gängige Sprüche: Asthma (»Es stockt der Atem«), Magen- und Darmkrankheiten (»Zuviel in sich hineinfressen«), Nacken- und Rückenleiden (»Sich zuviel aufpacken«), Kiefererkrankung und nächtliches Zähneknirschen (»Die Zähne zusammenbeißen«), Kopfschmerzen und Schwindelanfälle (»Den Kopf verlieren«).

Wenn Ärger uns belastet, dann ist es nicht gut, ihn einfach unter zur Schau gestelltem Optimismus zu verstecken. Fragen Sie sich selbst:

- ☐ Gibt es bei mir Symptome, die auf Streß, Probleme, Überlastung oder Ärger hinweisen könnten?
- ☐ Seit wann habe ich diese Symptome?
- ☐ Träume ich gelegentlich von Streit, Rache, Haß, Angst oder ausweglosen Situationen?
- ☐ Wenn ich mein Leben noch schöner und positiver gestalten könnte, als es ohnehin schon ist: Was würde ich ändern?

Das habe ich schon probiert.
Da hat es auch nichts genutzt.

Manche Menschen haben keinen Mut (mehr), aktiv etwas gegen ärgerliche Zustände zu unternehmen. Sie glauben nicht daran, daß es sich lohnt, etwas zu unternehmen. Ihrer Meinung nach wird sich doch nichts ändern. Nicht selten sind sie sogar davon überzeugt, schon alles probiert zu haben – ohne Erfolg.
Sicherlich kennen Sie das Wort »Killerphrase«. Damit sind Sprüche gemeint, mit denen Menschen sich gegenseitig lähmen und mundtot machen. Mit einer Killerphrase kann man jeden Vorschlag, jede Idee, jede Bitte, jeden Versuch zur Änderung lähmen. Nicht nur andere Menschen versuchen, uns mit Killerphrasen zu fesseln, auch wir selbst entmutigen uns gelegentlich damit. Killerphrasen sind zum Beispiel folgende Sprüche:

- »Das war schon immer so.«
- »Das machen doch alle so.«
- »So simpel darf man das nicht sehen.«
- »In der Theorie ist das alles ganz gut. Die Praxis ist aber doch anders.«
- »Wenn jetzt hier jeder …«
- »Wenn Sie erst so alt sind/soviel Erfahrung haben wie ich…«
- »Wer kann beweisen, daß dies richtig ist?«
- »Wer kann garantieren, daß es Erfolg haben wird?«
- »Das ist nichts Neues. Das gab es früher auch schon.«
- »Das ist doch alles nur graue Theorie.«
- »Das haben wir/andere schon einmal probiert. Da ging es auch nicht.«

Killerphrasen sind Feststellungen, die sich nicht oder nur schwer widerlegen lassen. Sie verhindern das mutige Herangehen an Probleme. Sie wirken oft wie »vernünftige Lebens-

erfahrungen« und sind doch nur Ausdruck von Hoffnungslosigkeit und somit Erfolgsbremsen.
In vielen Unternehmen werden sogar Killerphrasen gesammelt, auf Listen aufgeführt und als »verbotene Sprüche« deklariert. Dadurch soll verhindert werden, daß sie in Besprechungen oder Arbeitskreisen den Fortschritt verhindern. Warum sollten Sie sich dann noch von solchen Sprüchen lähmen lassen? Ganz egal, wie oft Sie schon damit gescheitert sind, Ihren Ärger abzuschaffen, probieren Sie es noch einmal!

Da weiß man, was man hat

Der Ärger, den man hat, ist einem nicht gerade lieb. Aber er ist vertraut. Man kennt ihn. Unsicher ist jedoch, wie es sein wird, wenn die Anti-Ärger-Strategie wirksam wird, wenn sich die Umstände ändern. Werden dadurch neue Schwierigkeiten auftauchen? Wie soll man damit fertig werden? Welche neuen Probleme sind zu erwarten? Die Angst vor dem Ungewissen hält uns oft davor zurück, unbefriedigende Zustände zu ändern.
Ich denke an eine Familie, die am Stadtrand von Frankfurt in der Nähe eines Chemiekonzerns lebte. Die Eltern machten sich große Sorgen um die eigene Gesundheit und um die der Kinder. Immer wieder lasen sie in der Zeitung über »kleine Zwischenfälle«, oder sie hörten im Radio oder im Fernsehen, wie erst nachträglich bisher vertuschte »kleine Zwischenfälle« im Chemiekonzern ans Licht kamen. Manchmal rochen sie, daß etwas »in der Luft lag«. Manchmal waren die Autos auf den Straßen über Nacht von einer feinen Staubschicht überzogen. Die Eltern ärgerten sich immer wieder über die beschwichtigende Informationspolitik der Konzern-Manager. Immer wieder stritten diese alles solange ab, bis man es

ihnen nachweisen konnte. Dann behaupteten die Manager, daß sie es sehr bedauerten und gar nicht gewußt hatten, wie ernst die Lage war und daß nie wirkliche Gefahr bestanden habe. Man empfehle jedoch, die Fenster geschlossen zu halten, die Kinder nicht draußen spielen zu lassen und das Gemüse und Obst aus dem Garten nicht zu essen. Von Gefahr oder Gift könne jedoch keine Rede sein.

Warum ist die Familie nicht weggezogen? Beide Eltern hatten gute Berufe. Sie hätten überall neue Stellen bekommen können. Aber nein, sie blieben, wo sie waren, sorgten und ärgerten sich weiter. Warum?

Sie hatten Angst vor dem Ungewissen. Wie würde die neue Umgebung sein? Was war von neuen Arbeitgebern zu erwarten? Würden sie wieder nette Nachbarn finden? Tausend Fragen und Ängste lähmten sie. Ich will ihnen aber kein Unrecht antun: Sie haben sich mit den Nachbarn in einer Bürgerinitiative eingesetzt. Jedoch die gesundheitliche Gefährdung für sie und die Kinder blieb.

Die Familie konnte sich erst nach Jahren entschließen, den Wohnort zu wechseln, als wieder ein »kleiner Zwischenfall« passierte, der zwar keinerlei Gefahr bedeutete (Manager-Aussage), jedoch den halben Stadtteil mit einer klebrigen Masse überzog. Dann kamen Männer in Schutzanzügen und reinigten alles. Die Gärten mußten gerodet werden... Die Familie machte ein paar Versuche, sich nach neuen Möglichkeiten umzuhören, beließ es jedoch bald dabei. Nun wohnen sie immer noch neben dem Chemiekonzern – und ärgern sich weiter. Aber wenigstens sollten sie jetzt wissen, worüber.

Ich wünsche Ihnen von ganzem Herzen, daß Sie mehr Mut beweisen. Denken Sie daran: Niemand hat ein Interesse daran, daß Sie sich weniger ärgern. Warten Sie nicht darauf, daß andere die Initiative ergreifen. Fangen Sie selbst an. Tun Sie es jetzt. Es geht um Ihre Lebensfreude.

OHNE WUT IM BAUCH GEHT'S AUCH

237 Seiten. Mit Psychotest. Kartoniert.
ISBN 3-466-34377-1
Kösel-Verlag ∗ München

**Der pfiffige Ratgeber, damit Sie
private oder berufliche Konflikte
besser in den Griff bekommen
und nervige Zeitgenossen
Sie nicht mehr aus der Ruhe bringen.**

KÖSEL-VERLAG
München

ONLINE:
www.koesel.de